怎么写好教学论文

给教师的12堂论文写作课

大夏书系 | 教师专业发展

费岭峰 / 著

华东师范大学出版社
·上海·

图书在版编目（CIP）数据

怎么写好教学论文：给教师的 12 堂论文写作课 / 费岭峰著.
—上海：华东师范大学出版社，2024. ISBN 978-7-5760-5222-0

I.G40；H152.3

中国国家版本馆 CIP 数据核字第 2024BT4117 号

大夏书系 | 教师专业发展

怎么写好教学论文——给教师的 12 堂论文写作课

著　　者	费岭峰
策划编辑	朱永通
责任编辑	万丽丽
责任校对	杨　坤
封面设计	奇文云海 · 设计顾问
出版发行	华东师范大学出版社
社　　址	上海市中山北路 3663 号　邮编 200062
网　　址	www.ecnupress.com.cn
电　　话	021-60821666　行政传真 021-62572105
客服电话	021-62865537
邮购电话	021-62869887
地　　址	上海市中山北路 3663 号华东师范大学校内先锋路口
网　　店	http://hdsdcbs.tmall.com/
印 刷 者	北京季蜂印刷有限公司
开　　本	700×1000　16 开
印　　张	14
字　　数	207 千字
版　　次	2024 年 9 月第一版
印　　次	2024 年 9 月第一次
印　　数	5 100
书　　号	ISBN 978-7-5760-5222-0
定　　价	65.00 元

出 版 人　王　焰

（如发现本版图书有印订质量问题，请寄回本社市场部调换或电话 021-62865537 联系）

目 录 CONTENTS

序　深度的思考给了我成长的翅膀
　　——我与教学写作　　　　　　　　　　　　　　　1

认识篇

第1课　教学论文写作的意义　　　　　　　　　　　3
第2课　"好"论文是"做"出来的　　　　　　　　11
阅读材料一　学生提出"问题"以后
　　　　　　——关于《不合群的小蝌蚪》第一课时教学的对话　　19
思考与练习1　　　　　　　　　　　　　　　　　25

选题篇

第3课　论文写作的选题与立意　　　　　　　　　29
第4课　从教改热点中选题　　　　　　　　　　　41
阅读材料二　"双减"背景下作业设计与管理研究的选题建议　　50
思考与练习2　　　　　　　　　　　　　　　　　57

类型篇

第5课　课例类论文	61
论文示例一　体验在场：基于新课标教学建议之法治观念培育策略探微	
——以八年级《公平正义的守护》为例	72
第6课　经验类论文	80
论文示例二　区域推进学校"品质课程"建设的实践与思考	
——浙江省嘉兴市南湖区的实践	92
第7课　思辨类论文	98
论文示例三　直观想象的内涵解读、水平表征与发展路径思辨	109
第8课　报告类论文	117
论文示例四　系统思维下的学校教学常规"发生式"管理探索	129
思考与练习3	138

技术篇

第9课　如何整体架构一篇论文
　　　　——谈教学论文写作的谋篇布局　　　　141

第10课　如何用好语言文字
　　　　——谈教学论文写作中的遣词造句　　　154

第11课　论文写作应遵循的学术规范　　　　　166

阅读材料三　忽视"证伪"教学的原因及对策
　　　　——基于小学数学课堂教学实践的思考　　173

思考与练习4　　　　　　　　　　　　　　　　182

应用篇

第12课　从"论文写作"回归"教学实践"　　　185
思考与练习5　　　　　　　　　　　　　　　　193

参考文献　　　　　　　　　　　　　　　　　　195
后记　给自己布置的"作业"　　　　　　　　　201

序 PREFACE

深度的思考给了我成长的翅膀
——我与教学写作

关于一线教师要不要写论文的探讨由来已久,相信在今后的一段时间内还将继续争论下去。争论的焦点主要在于教学论文写作对教师的专业发展到底有没有作用。有人认为,写论文对教师的专业发展作用不大,而且还增加了教师的心理压力和工作负担,因此不建议教师写论文。有人则认为,教师写作教学论文是研究教学的一种方式,对其理解教学、思考教学问题有很重要的促进作用,同时在其专业发展的过程中,论文写作也是极为重要的手段。

如果将专业院校研究生、教授们写作研究论文的标准作为一线教师论文写作的统一要求,那么我认同前者。因为一线教师若如同高校研究生、教授那样去写作教学论文,一来没有那么多的时间,二来也缺少相应的研究方法的培训,写不出规范的论文当属正常。既然做不到,还不如不作这方面的要求,以强调教学实践的体验与探索,形成实践性知识为要务。

但如果我们对教学论文的理解更为宽泛一些，把它看成对自身教育教学实践经验的总结，抑或对教育教学实践问题的探讨与思考，再或者就是表达自身对教育教学工作的感受的话，我则认同后者。这样的教学论文写作就是我一直以来理解的"教学写作"。对于教学写作，自身的经历告诉我，一线教师可以写，也能写，而且应该写。因为——

写作可以让我们的教育教学实践留下属于自己的印迹；

写作可以让我们对教育教学问题的思考更为深入；

写作还可以让我们的实践经验得以物化，利于推广、传播。

感谢自己 20 多年来的坚持，让教学写作成为我教育教学生活的重要组成部分。正是因为坚持进行教学写作，让我看教育教学问题的眼光更为敏锐，使我的专业思考力得到不断提升，教育教学的研究力有了长足的进步。

一、教学写作，缘于对教育教学问题的思考

教学写作的冲动，首先来自对教学问题的思考，是对真实教学问题思考过程与研究行动的记录。写成的论文也好，课例也好，随笔也罢，都应该是一种有感而发的成果表达。

回顾一下我写的教研文章的一些题目：如何创设有价值的问题情境？让学生体验什么？学生的学习是否真的发生？如何用好活动生成资源？"小棒操作"为哪般？今天，我们该如何教"简便计算"？……这些文章的题目就表明了写作此文是源于对某个问题的思考。这也是一位教师在听了我教研文章写作经历后的感受："费老师，您的好多文章是用问题作题目的。"确实如此，这也是我教学写作的初衷。可以说，问题是我写作教研文章的源起，许多文章是我对相关教学问题思辨过程的记录。

比如，在听一位教师执教《笔算两位数加两位数（不进位）》一

课时，我看到老师用到了摆小棒。当时，我敏锐地感觉到，"摆小棒"在本节内容的教学中有着重要的意义，但要组织落实好这个活动，却有许多问题值得思考。如"什么时候摆小棒""该如何组织学生摆小棒，才能使操作活动产生更大的教学价值"等。课后就这些问题，与执教老师进行了交流，建议思考两个问题：(1) 以小棒操作来引出竖式有没有价值？（2）理解两位数加两位数不进位加法的"算理"的关键点到底在哪里？在此基础上，我们对第一次教学过程作了修改，进行了第二次教学实践。

这便是我写作《"小棒操作"为哪般？》一文的起因。当然，在接下来整理案例时，新的问题随之而来，如"什么情况下需要动手操作""怎样的动手操作才是有价值的"等问题则是对动手操作活动一般规律的思考，于是我便写下了：一般陈述性知识的习得不适合动手操作，而程序性知识（技能性知识）则比较适合引导学生通过动手操作等活动来获取……

显然，本文的写作是基于一系列问题思辨过程的记录，既有实践的支撑，更有问题思考与解决的具体进程。

再如《教材需要系统解读》《今天，我们该如何教"简便计算"？》等文章，均源于对实践问题的思考。《教材需要系统解读》从一次教学实践因对教材理解的不当而产生的问题出发，围绕"找出问题所在""分析问题产生的原因"以及"解决问题的策略"这一过程进行了深入思考。《今天，我们该如何教"简便计算"？》一文，初看似乎是对实践问题的回答，细细读来，却是我对新课程理念下"简便计算"教学中的一些基本问题的思考。文中写道：拉长运算律的建构过程，让学生体验简便计算教学不仅仅是一种技能教学；在解决具体问题中巩固运算技能，于突出简便计算应用价值的同时，帮助学生形成良好的数学意识……一线教师如能对简便计算的实质以及教学组织的策略想得比较透彻，那么在实施教学时，更能有效达成教学目标。

二、教学写作，为有深度的教学实践服务

写出有思考深度的教学论文、案例或随笔等，还是不太容易的。写出不但有思考深度，又有创新意味的教研文章，则更不容易。这其实与一线教师的专业素养有关。我们说，看一个问题，不能只看表面，更需要深入内在，找到问题产生的关键所在。我们不能只看表面的热闹，更需要关注热闹背后的原理与学习价值。

曾在研究"三角形内角和"这一节内容中，我们对用量角器测量某个三角形三个内角的度数，然后加起来总会出现误差的问题，几乎没有办法让学生信服，只能用"测量难免会产生误差"的理由来搪塞。后来有所改进，也就是采用将三角形三个角撕开，再拼成一个角；或者是将三角形的三个角向内折，最终同样拼成一个角。接着引导学生观察，无论是撕成的三个角拼成的那个角，还是向内折拼成的那个角都是平角，平角的度数就是180度。最终得出结论：三角形内角和是180度。

表面上看，我们似乎已经很好地解决了这个问题，但事实上，对于这样的验证，我们总觉得不踏实。可以想象，假如有一位学生质疑：你为什么认为拼成的角就一定是平角呢？你是不是只能告诉学生，这就是个平角啊。这样告知的前提是因为你知道了三角形三个内角加起来的和是180度，所以你可以断定拼成的那个角就一定是平角。如果你不想用知道的结论去判断这个角的度数，那么最终你还是得借助量角器来测量。而这一测量，就又回到了"测量难免会产生误差"这种结果。于是，对于得到"三角形内角和是180度"的结论，仍然缺乏足够的说服力。

我们当然知道，证明"三角形内角和是180度"的方法是借助三角形的外角，通过在某个外角处画这个内角对边的平行线，然后以平行线间"同位角相等"和"内错角相等"的知识，将三个角转

化为一个平角，由此理解三角形的三个内角可以拼成一个平角，从而得出"三角形内角和是180度"的结论。但这种方法对于小学生来说，是很难理解的。因为他们还没有学过"同位角"和"内错角"的知识，没有学过"平行线的性质"等知识。

于是，我们进一步思考，寻找既能让学生对"三角形内角和是180度"这样的结论是信服的，又是符合逻辑的，相对比较合理的，而且在小学生学习探索的课堂也具有可行性的验证方式。我们通过查阅一定的资料后，最终采用了"由长方形出发去推导直角三角形的内角和，再由直角三角形的内角和去推导锐角三角形和钝角三角形内角和"的方法，较好地解决了这个问题。当时，我与同事共同执教了这节课，取得了良好的教学效果。正是在研究实践的基础上，写成的教研文章《数学学习应突现探索过程的科学性》发表在《教学与管理（小学版）》2008年第3期上。显然，这篇文章的成稿是源于对相关教学问题的深度思考。

类似的研究与思考，经常是我写作教研文章的基本过程：追本溯源，从本质思考问题所在，由此设计具有数学味的教学活动，以引导学生既能比较好地完成学习任务，又能在数学思考能力上得到发展，形成丰富的数学基本活动经验。比如在研究"图形与变换"内容中，对"平移""旋转""轴对称"等知识内容，由形的动态变换上升到点的运动规律的探索，我写了一系列的教研文章，如《新课程理念下如何教"轴对称"》《"图形与变换"教学难在哪——关于"图形与变换"教学难点的分析与思考》《找到适合小学生认知的"度"——对〈旋转〉一课的教学思考》等。

三、教学写作，需要有外在的压力去推动

如果把教学写作当作一种兴趣爱好来做，那么心理压力会少了许多，还会从中获得不一样的乐趣。只不过，人是有惰性的。假如

对教师的教学写作不作要求，那么我相信主动去写教研文章的教师比例将会大幅降低，而写教学论文的教师比例则会更低。也正因为如此，教育行政部门的管理者将论文写作纳入到教师的职称考核条件之中，作为一项必备条件，并且需要通过论文鉴定，获得相应的"基本具备"及以上的等第才有资格参评当年度的职称评审。想来这也是教育管理者对写作教学论文在提升教师的专业素养中的作用的认同，应该说这在某个阶段对教师研究自己的教学，提升自身的学术素养和专业能力，还是有着相当积极的作用的。

说起我写作的第一篇论文，那也应该算是当年参评"教坛新秀"时的必备条件。这同样是教育管理者对专业发展相对比较优秀的教师的一种专业要求。于是，努力写作一篇论文成为我当时一个必须完成的任务。那年，应该是在1996年暑假，我参加工作刚好八年。

已经不太记得当时写作第一篇论文时的心情怎样了，只记得那个时候关于教学论文，感觉还是个新鲜玩意，所在学校里好像也没有人写过这种叫"论文"的东西。再加上，上个世纪90年代的乡镇中心小学里是没有电脑的，更谈不上网络了。查阅资料最主要的方式还是阅读为数不多的几本教育教学杂志。不过，可以肯定的是，写作时几乎没有作太多的思考，只是按照自己的理解去写了。记得文章写好后，我也不好意思拿给同事们看，担心被大家笑话，最后只是请了学校里一位颇有点教龄的语文老师看了一遍，主要还是想请他帮忙看看文字上面有什么问题。草稿写好后，认认真真地在方格纸上誊写了一遍——源于一种朴素的想法，虽然不知道论文如何写，但态度首先要端正。

这位老师看后的一句话令我印象颇深："小青年，写得不错！"其实文章内容好不好，自己确实也不太懂，只知道把自己想要表达的意思努力表达出来，至于是否写清楚了，只能问读文章的人了。不过，这位老师的这句简单的话，却还是给了我信心，至少觉得文章也值得一读了。

"充分认识师生思维展开过程中的偏差，积极提高学生的思维能力"，这就是我写作的第一篇论文的题目。如果用现在的眼光来看，文章的题目就需要作修改。虽然意思明确，但字数太多，27个字，超过了20个字的题目字数的常规要求；再则将目标放入标题不太合适，一般突出对象与策略。然而再次翻看这篇文章，内容虽然显得稚嫩，但提出的问题颇有意义。文章所研究的问题是：教师的教学活动设计符合学生的认知经验吗？如果不符合，那么原因在哪里？又该如何解决？换句话说，教师的教学活动设计需要考虑学生的认知起点。这在现今的课堂教学中，一线教师还是比较关注学生的学习起点的，但在当时却还是一个颇具前瞻性的命题，是很值得一线教师去研究与探索的。同时，文章的结构也是比较清晰的：当提出问题后，我从三个方面分析了问题产生的原因，然后又从三个方面结合实例提出了解决问题的策略。这篇文章虽然作为1996年省市"教坛新秀"参评的一项材料交到了区市教研室，但在2000年参加了秀洲区的教学论文评比后获得了一等奖，说明文章还是有一定的认同度的。

我写作的第一篇论文，可以说是任务驱动下的产物，有一定的功利性。虽然我在后面的教学写作中，更多是自觉的行动，但终究也有一些论文或课例，是以完成任务的性质去写作的。比如，我的一些接受约稿之后的教学写作。

四、教学写作，还要有自我加压的过程体验

带着任务去写，一般会有压力，但压力也可以转化成动力。被动去做一件事情，会有些痛苦，但完成之后还是颇有成就感的。特别是获得别人的认可，甚至表扬时，那对一个人的自信心培养是相当有效。完成约稿任务，很多时候会有这样的体验与感受。

大概从2011年起，《小学教学研究》杂志社特约编辑袁玉霞老

师开始向我约稿。与袁老师的结识是在"千课万人"活动中。同为活动的书面课评专家，我只能算是新手，而袁老师则是有经验的教研员，能够借此机会向她请教真是幸运。因为在活动中，经常向袁老师请教一些课堂教学的问题，也算是留下了一个"好学、善思"的印象吧。活动后，袁老师特意说起，会代表《小学教学研究》杂志社发邮件过来向我约稿。其实接受邀约后，自己还是有点担心的。因为约稿，就有可能需要去写一些自己不太熟悉的内容。好在袁老师在后来的约稿中，给我选择的余地比较大，一般会让我从十来个选题中选取一到两个主题，这减轻了我不小的压力。我喜欢写一些自己思考得比较深入的主题。

完成约稿任务还算比较用心。我的想法是，编辑约的稿件，自己更要写好，保证质量，既是对自己负责，也是对编辑负责。当然，在完成《小学教学研究》杂志的稿件后，袁老师经常给我以肯定和鼓励，这大大增强了我教学写作的自信心。

"谢谢费老师发来的高水平的论文。它不但深入浅出地阐述了数学模型思想的意义和表征方式，而且精心设计了培养学生模型思想的基本路径，为一线教师理解模型思想、有效地开展相关的教学活动洞开了一个明亮的窗口。"这是《数学模型思想及其教学策略初探》一文交稿后，袁老师给我的邮件回复。这篇文章的由来是因为研究了《加法的认识》一课后想到的主题，后文在谈"一课、一例、一文"的教学写作经历时，会再作展开。

"《活动经历：数学基本活动经验形成的关键》是一篇不可多得的关于活动经验的优秀论文，是您对教学理念的深入思考和实践经验的智慧结晶。读后我有豁然开朗的感觉！十分赞同您的观点：'数学基本活动经验的形成不应该是模糊的，它应该与数学的基础知识、基本技能、基本思想一样，也是需要结合具体教学内容，围绕目标来落实的。'文章以'平面图形的面积计算'为例，深入浅出地、逻辑有序地阐述了数学基本活动经验形成的特点、解构和形成过程的分析，非常便于教师学习理解和应用操作。关于标题，我还是趋向于《活动经历：实现基本活动经验形成的关键》，因为它更具一般性。文章中的一个图示不够规范，请重画。"这是《活动经历：数学基本活动经验形成的关键》一文交稿后袁老师的邮件回复。从这封回复的邮件中，我真切地感受到了袁老师作为一名资深教研专家对一线教师的鼓励与肯定，同时也表现出了严谨的学术研究态度与对语言文字的精准表述的追求，这些对我后续的教学写作有着诸多的影响。

在我完成的《小学教学研究》的稿件中，有多篇被人大复印报刊资料《小学数学教与学》杂志全文转载，以上就是其中的两篇。

这些年，除了撰写《小学教学研究》杂志社的约稿，我也曾接受过《小学教学》《小学数学教师》《课程·教材·教法》《新教师》《江西教育》《小学数学教育》《中国教师》等杂志编辑的约稿。关于邀约的稿件，只要接受了，我总是认真对待，按时交稿。

五、教学写作，要有系列化的研究过程支持

当教学写作成为一种思考教学、实践教学、研究教学的自觉行为之后，系统思考、板块研究、系列化写作的行为便会发生。在我写作的教研文章中，很大一部分属于系列性的研究成果。

这样的文章可以分为两类。

一类是由一节课的教学实践触发的研究，写作更多是对研究过程的记录。这种写作缘起可能是偶然的，只是出于一种习惯，会自觉地记录下研究的整个过程。我把它称为"一课、一例、一文"式的教学写作。比如前文谈到的论文《数学模型思想及其教学策略初探》，便是在《加法的认识》一课的教学实践基础上写就的。

执教一年级的《加法的认识》一课，一开始是因为做了教研员后想着"下水"上上课。在上这节课之前，我做了个前测，了解了

一年级学生的学习基础,课后便把整节课的研究过程记录下来,写成了《教学生"不会"的——一年级学生"加法"认识基础调查及教学实践思考》的课例。而巧合的是,在《加法的认识》一课的实践与思考期间,《义务教育数学课程标准(2011年版)》颁布,提出的课程内容"十大关键词"中有"模型思想"的概念。我忽然想到:我在引导学生认识加法的活动设计上不就体现了数学模型思想的形成特点吗?由此引发我进一步思考,小学数学许多知识的学习都有数学模型思想的体现。于是,便着手写作《数学模型思想及其教学策略初探》一文,由"一节课"去思考"一类知识"的教学,比如"运算律",比如"图形面积计算公式"等。

后来教学案例《"加法的认识"教学设计》、课例成果《教学生"不会"的——一年级学生"加法"认识基础调查及教学实践思考》与教学论文《数学模型思想及其教学策略初探》均在教育类的公开期刊上发表。这也是比较典型的"一课、一例、一文"的研究与写作过程。如同这样的"课、例、文"相应的教学实践与写作,在我写作的教研文章中有多组,有"平面图形面积"系列、"图形与运动"系列、"分数除法"系列等。

还有一类,则是相对系统的研究与思考,有时围绕当时正在研究的课题进行,比如关于"数学活动"的思考与写作,则几乎贯穿了我 20 多年来的课堂教学研究全过程;有些则反映了我在一个时期内对某块内容的系列性研究与思考,如 2007—2010 年担任数学教学工作期间,围绕"运算律教学"主题进行的系列化教学写作。

2007 年上半年,写作的《回归本源,为学生的数学理解找到支点——"连除的简便计算"教学实践与思考》一文是围绕《连除的简便计算》一课的教学实践写作的课例,讨论的问题是能否突破以往运算律教学止于"不完全归纳",引入演绎推理帮助学生理解"运算律"的内涵。此文于同年 7 月发表于《小学数学教师》杂志。

2007 年下半年,写作的《今天,我们该如何教"简便计算"?》

可以看作论文，是对基于一次作业调查产生的问题的思考，讨论的是运算律教学中如何从运算律的内涵理解与技能掌握上升到"简便意识"培养的问题。此文于2008年1月发表于《小学数学教师》。

2008年下半年，写作的论文《数学运算律教学中的"建构"和"解构"》，则是对前期"运算律教学"与"简便计算"相关内容的整体思考，强调了"运算律"学习的建构与解构同样重要，强化简便意识的培养。此文于2019年4月发表于《教学与管理（小学版）》。

2010年上半年，写作的《因"学"施"教"，启迪思维》一文，是在参加省级教研活动时听了一位老师执教的一节《运算律》教学课后写的，想表达的是我因为有了对"运算律"教学的研究，并形成了一定的教学理解后，审视相关内容教学时的思考与解读，期待与执教老师商榷，有一种想激发起老师们对这一内容教学的深度思考与讨论的意味。此文后在省教研员斯苗儿老师的推荐下，于2010年10月发表于中国教育学会小学数学专业委员会会刊《小学数学教育》。

对于"运算律教学"，因为有了多次的思考与写作，既对相关内容的理解更加深入，又形成了自己的教学认识，从而指导自己的教学实践，提升自己的专业能力。

当调任区教研室担任学科教研员之后，我则更加注重教研文章的系列化写作。围绕新课程理念下的学科教学，曾于2013—2015年就"数学活动经验"进行了系列研究与教学写作，共写就了《数学活动经验的形成与特定内容学习的经历》等5篇课例或论文，谈了在"数的运算""图形面积推导"以及"问题解决"等内容教学中帮助学生形成数学基本活动经验的问题。而于2014年开始的，围绕小学数学学科测评的研究实践与教学写作，已经历时近10年，且仍在继续。已有《评价设计：从"结果"到"过程"》等10多篇文章发表。我想这样的教学写作，唯有自觉，才有可能做得到。

六、教学写作，更要有严谨的逻辑思考历练

在我写作的教研文章中，围绕教学问题探讨的，基本以课例为主，且以自身的教学实践与思考的总结为主，严格意义上的论文数量不超过20篇。经常投稿的杂志以《小学数学教师》《小学教学研究》《小学教学》《教学月刊》《小学教学设计》《教学与管理》等比较受一线教师喜欢的为主。在这几本杂志上，我的文章发表量均在10篇以上，有的杂志已经接近30篇。在我看来，一线教师的教学写作应该突出实践性，在经验总结的基础上适当作理论归纳，既为同行教师在解决实际问题或创新实践策略中提供参考，又能适度地作出理性解释，以寻求理论支撑，保证其合理性、科学性。

而对于想在教育教学专业的发展上有所突破的教师来说，最好能去尝试下相对比较规范的学术论文写作，经历一回严格意义上的论文写作训练。这对发展自己的理性思维有益处。

我们说，专业的研究有两个基本特点：一是严谨的逻辑思考，二是充分的实证分析。一线教师写作的论文更多只是一种经验总结。经验总结当然有其价值和意义，但因为一线教师缺少系统的研究方法和逻辑思考训练，在论文写作中表现出来的结构混乱、逻辑不清、提炼不够以及理据不符等问题极为普遍。要解决这些问题，适当尝试专业的论文写作，不失为一种好办法。

《忽视"证伪"教学的原因及对策——基于小学数学课堂教学实践的思考》一文，是在做了一次招师面试评委后对那种"不关注错解"的现象进行了深入思考后写作的。记得当时的招师评审大概在2013年1月间，那个时间点应该也是新课程实施了将近十年，对课堂上学生中出现的"错误资源"的应用探讨也已经有比较丰富的实践基础，就如何用好错误资源，充分发挥错误资源的学习价值问题，已经引起了许多一线教师的关注与研究。但在这次招师面试中，19

名报考对象中有18名对学生的错解不予关注的现象,很是令人意外。数据告诉我,这其实还是个普遍问题,值得作深入分析与探讨。

那么,以怎样的方式进行思考与分析呢?某天,我在翻阅《课程·教材·教法》杂志时读到了一篇研究高中化学教学的论文。自做教研员以后,我就订阅了这本杂志,我觉得作为一名教研员,不能只关注一线的实践,同样需要关注前瞻性的研究,《课程·教材·教法》还是比较符合我的阅读取向的。这篇文章的作者和具体内容已然记不起了,但文章以"问题描述—归因分析—解决对策"三板块的文本结构却给了我启发。关于"教师不关注错解"的这种现象,我是不是也可以用这样的结构来思考呢?

善于逻辑思辨可能是我的一个特质。当时,我以这篇文章的分析方式为范本对"不关注错解"的现象进行了解构。当我把分析错解上升到一种"证伪"活动时,所有的问题似乎迎刃而解。我想到了三个词:无伪可证、有伪不证与证伪不实。这三个词正好贴切地表达了课堂教学中关于"没有错误资源""有了错误资源不利用"或"用了错误资源却没用好"的三种典型问题。然后就参考三板块的文本结构深入思考三种现象产生的原因和解决这些问题的对策。显然,这样的问题解构和研究思路是严谨与合理的,而且对一线教师解决相应的问题也是很有借鉴价值的。

接下来,为了让文章的内容更有说服力和实证味,在论证观点过程中,我除了选取自身实践过的事实论据外,还查阅了大量的文献,从更加广泛的角度选取素材,尽量用专家已有的研究材料和实证数据来印证我的观点,将问题上升到普遍高度,这大大增强了论文的实证性和普适应。

文章写成后,第一时间投给了《课程·教材·教法》杂志。其实,写作时也确实是依照这本杂志的风格来写的,字数达到了6000字,应该也是当时那段时间里我写作教研文章以来字数最多的。我还请英语老师帮忙做了英文摘要和关键词。后来在杂志编辑王维花老师的指导下，略作修改后发表在该杂志的 2013 年第 12 期上。再后来，王老师又向我约稿，邀我写一篇关于一线教师如何在新课程理念下用好人教版课程标准实验教材的文字，也便有了《新版课标视域下"问题解决"的定位与教学设计思考——以人教版〈义务教育教科书·数学〉的使用为例》一文，这也是我再次有机会经历了比较严格的理论思辨与实践策略思考的过程。

这样的教学写作经历，无疑是逼迫一个人经历完整的思考教学问题和严谨的思辨问题解决策略的过程，而这样的过程会让一名教师从实践上升到理论来思考问题，从更高位的视角来看待实践问题，从而帮助我们更好地理解问题和解决问题。我的体验告诉我，对于想在教育教学专业发展上有所突破的教师来说，还是需要经历这样的一次严格意义的论文写作过程。

七、结语

我们常说，有深度的思考，一般总是通过文字来呈现。教学写作，可以在记录的同时对教育教学作深度思考，可以换一种方式与同伴交流探讨教学问题，表达自己的教育教学观点。因此，在学校工作时，教学写作就已经成为我教学生活的重要组成部分。现在，作为一名教研员，我更加懂得，教学写作应该成为日常研究教学、实践教学、指导教学的自觉行为，成为我分享教育教学经验与思考的重要方式。

认识篇

教学论文是什么？教师写作教学论文的意义在哪里？这些问题时常困扰着一线教学管理者与实践者。教师要不要写作教学论文？这个问题的回答，需要与教师教育教学论文的写作特点联系起来分析，更需要让教师认识到：优秀的教育教学论文是怎样"写"出来的？深度的教育教学研究对教师的专业成长到底有着怎样的作用？本篇就围绕这些问题作一些探讨。

第1课　教学论文写作的意义

所谓论文，简单来说就是议论性的文章。具体解释为：论文常用来指进行各个学术领域的研究和描述学术研究成果的文章，它既是探讨问题进行学术研究的一种手段，又是描述学术研究成果进行学术交流的一种工具。这个定义给出了两层含义：一是探讨问题的手段，二是描述成果的工具。

教学论文则是指在针对教育教学领域中的问题进行探讨、研究时写作的文章，或者是表达教育教学研究成果，用以进行交流的文章。再宽泛一点来讲，教学论文就是教师发现教学问题、分析探讨教学问题与呈现解决问题经验、方法的载体（工具）。因此，对于教师而言，教学论文可以是思考教学现象背后的意义，表达教学问题剖析的过程，记录教学问题解决的方法，阐述实践策略操作的思路，以及呈现教学研究的成果。

曾经，大家认为教育教学论文是理论研究者的工作任务，离一线教师相对较远。现如今，撰写教育教学论文已经成为一线教师耳熟能详的一项工作了。关于"中小学、幼儿园教师，要不要写教学论文"这个事情，也经常会被人拿出来讨论。有学者表示，教师是实践者，没有必要去做研究，研究是理论工作者的事情；也有学者认为，教师既是实践者，同样也是研究者，需要对实践中存在的问题做深入的研究，提炼总结出相应的成果。而自2012年9月教育部颁布了中小学教师、幼儿园教师"专业标准"后，这个问题似乎有了明确的答案。标准明确指出，教师要"主动收集分析相关信息，不断进行反思，改进教育教学工作；针对教育教学工作中的现实需要与问题，进行探索和研究"①。此段文字，明确了中小学、幼儿园教师，不仅是教育教学的实践者，同样也是教育教学的研究者。唯有"实践"与"研究"同步推进，结合实践做研究，在研究的基础上总结经验，提炼成果，改进实践，于"研究"与"实践"中发展自身的专业，这是一线教师从"新手"走向"优秀"的必经之路。

当然，研究教育教学，写作教学论文，总结经验成果，作为教师教育生活的重要组成部分，不仅是国家政策文件的要求，同样也是教师自身工作的要求。我们说，"论文"是一种"论"的文章，而"论"是一种言说的方式，如议论、讨论、辩论等。在教育教学实践中，有些教师课上得不错，班级管理也挺在行，可将实践经验结构化提炼成严格意义上的学术论文却并不擅长。于是，通过思辨，以经验总结类文字来表达自己的思想，不失为一种比较好的方式。教学论文写作就是一种将与教学相关的想法、做法表达出来的重要载体。当然，教师的论文写作，不能是凭空想象，需要结合自身实践中的问题展开思考与探索，研究解决问题的方法，在总结提炼经验时，需要对实践方法背后蕴含着的规律进行揭示，从而形成具有一定理论支撑的操作性策略。从中我们不难看出，教学论文既是一种言说的工具，更是教师思考的记录、经验的留痕、成果的表达与思想的展露，在培养教师的洞察力、思辨力、总结力与实践力方面，有着重要的意义。

一、培养洞察力

洞察的本意是透彻地看，即看穿。引申一下，即为观察得很透彻，发现内在的内容或意义。洞察力即为透过现象看本质的能力。教师的工作具有很强的实践性，但同样需要对实践背后的本质有所了解与把握。教师论

注：本书中的"教师"特指中小学、幼儿园教师（管理者），不包括高校教师及专门的科研人员。

① 中华人民共和国教育部.关于印发《幼儿园教师专业标准（试行）》《小学教师专业标准（试行）》和《中学教师专业标准（试行）》的通知[Z].中华人民共和国教育部网站，2012-2-10.

文写作的缘起，一般来自对实践问题的发现。而发现问题只是激发教师去研究的起始，唯有探索解决问题的策略才是真正的目的。这期间教师需要有敏锐的洞察力，能够透过现象抓住问题的本质，从而找到能够解决问题的办法。

作为一线教师，我们时常会碰到这样的现象：

某班有一位学生比较调皮，经常会闯些小祸：课上偷偷往旁边学生的课桌洞里塞个小虫，偷偷拉拉女同学的辫子；课后则是冲来跑去的，时常还会没来由地将同学的学习用品碰（甚至是扔）到地上……这样的孩子，我们老师一般会将其归结为"顽皮"，解决办法也会是比较简单地"叫到办公室，劈头盖脸地批评一通"，当然有老师处理的方式更为简单——打个电话请家长。只是，这样的做法对于有此类行为的孩子，教育效果并不大。也许孩子会好上一阵子，但过段时间又会照样调皮。许多研究告诉我们，此类行为一般会发生在父母关爱较少、缺乏安全感、期望引起别人关注的孩子身上。

对于此类孩子，有些教师却不是这样操作的。他们一般会观察这样的孩子，有时候甚至采用"冷"处理的方式，作延时评价。因为在这样的教师看来，孩子的行为背后一定有其深层的原因。这个过程中，有些教师（班主任）还会将孩子的行为记录下来，同时也将多次事件发生后的解决方式记录下来，然后对效果进行分析，并根据效果对教育的方式方法进行及时的改进。这样的过程，有助于发展教师的洞察力。事实上，许多优秀的班主任就是这么成长起来的。

这样的方式，同样也适用于对教学问题的思考。比如，在课堂教学时，在观课磨课过程中，有教师分析问题、解读问题的视角与眼光相对比较透彻。我的专著《聚焦课堂教学——一位小学数学特级教师的研课手记》中，类似于《学生是怎样建构数学模型的——听〈认识东南西北〉一课引发的思考》《量角器："认读"还是"解读"——由〈角的度量〉教学片段引发的思考》等文章，均是在听课过程中，对课堂上发生的教学问题深度洞察的基础上写作而成的。有兴趣的老师可以去读读。

二、发展思辨力

思辨即为思考与辨析。对于教师来说,思辨力主要表现为对发现的教育教学问题的思考与分析能力。我们说,问题解决的基础是对其产生原因的深度分析。美国学者文森特·赖安·拉吉罗在《思考的艺术》一书中谈道:"如果你想要成为一位优秀的问题解决者,就不仅需要具备事实性知识,还需要具备缜密的思维。"① 这里的"缜密的思维"即是思辨力的具体表现。论文作为一种议论性文体,其最大的特点是逻辑性强,需要"缜密的思维"作基础。教师写作教学论文,也正是训练发展"缜密思维"的重要过程。

我们来看一般论文的结构:论点 + 论据。论点一般指的是你的观点,论据则是印证你的观点的材料,可以是理论论据,也可以是事实论据。好的论文,一般是论点清晰明确,论据能够充分印证观点,即理论论据逻辑印证性强,事实论据实证味浓。举一个例子加以说明。

教育的中心是"人"②

"2018 中国基础教育年度报告"是 2019 年第 2 期《人民教育》的核心议题,围绕"培养什么人、怎样培养人、为谁培养人"的根本问题展开,给一线教师很大启示——教育的中心是"人"。

首先要"目中有人"。这是从教育的本质上来说的。立德树人是教育的根本任务。作为一名教师,以立德树人为目标,全面了解学生的个性特征,树立为学生的健康成长提供积极帮助的意识,这是最基本的师德修养,更应该成为教师最崇高的职业理想。

其次要"法中有人"。"教无定法,只要得法",这里所说的"得法"更

---

① 文森特·赖安·拉吉罗.思考的艺术[M].金盛华,李红霞,邹红,等译.北京:机械工业出版社,2014:4-5.
② 费岭峰.教育的中心是"人"[J].人民教育,2019(7):41.

多是指适合于受教育对象的教育教学方法。因为要"适合",所以需要教师不断去研究学生、了解学生,对学生的年龄特点、个性特征以及学习的起点有比较恰当的把握。

最后要"分中有人"。这更多是从评价观、质量观的角度来说的。"分数"不应该只是一个"冷冰冰"的结果,而应该成为教师了解学生、找到学生学习问题的重要媒介。教师要善于看到"分数"背后的学生,既要看到学生的能力水平,更要能读懂学生的学习心理,从而帮助学生准确地认识自己、发展自己。

只有当教师能够在教育中看到"人",才算是真正把握了教育的真谛和方向。

这是发表在《人民教育》上的一篇小论文,我们可以体会下论文写作中的思维的"缜密"这一特点。

本文的核心观点是"教师能够在教育中看到'人',才算是真正把握了教育的真谛和方向"。然后就要思考,怎样才算是看到"人"了呢?于是将核心观点解构成三个分论点,即"目中有人""法中有人""分中有人"。三个分论点从观念(认识)、方法(教学法)与评价(质量观)等三个层面展开,涉及了教学的核心部分。

然后再对三个分论点展开论证。针对"目中有人"加以论证的主要论据是"立德树人是教育的根本任务",因此,教育者需要关注人的发展;针对"法中有人"加以论证的主要论据是"教无定法,只要得法"所强调的教学方法适宜性,即适合的才是最好的;"分中有人"的论证,主要通过"分数"的功能展开,分数不能仅作为结果,更应该作为发现问题、解决问题的依据。虽然因为文章较短,受文字量限制,论证过程中,几无事实论据,但论据与论点间的关系明确,论证过程逻辑清晰,足以印证论点,表达时逻辑思维"缜密"的特点极为明显。一线教师若能经常这样去思考分析,提出某个观点,然后加以逻辑解构,再通过严谨地论证,说清楚"这样做的道理",那么,假以时日,思辨力的发展必然会发生,甚至有显著提高。

三、增强总结力

我们知道，每一位教师的专业成长，既有学习相应的教育教学理论与前辈们的成功经验，更有通过教育教学实践形成的自己的经验。因此，我们可以这么说，教师既是一名学习者，同时也是一名实践经验的"生产者"；既是前辈教师成功经验的享用者，同样也是为后来者提供行之有效的"经验"的承担者。实践中，通过口耳相传这一传统的方法，将经验传授给身边的新手教师，不失为一种行之有效的办法。但倘若采用文字留存的方式，则会有利于经验在更广的范围或平台上传播与推广。

类似的例子有很多。往大里说，国外有大教育家们的经典著作，如苏霍姆林斯基的教育经典《给教师的建议》《帕夫雷什中学》等，杜威的《民主主义与教育》《我的教育信条》等；国内的则有陶行知先生的教育著作。不可否认的是，这些经典教育教学著作既是教育大家们在继承了前辈教育经验后结合自身实践的经验总结，同时也为一线教师的专业成长提供了充足的养料，使得许多教师从迷茫中走出来，成长为优秀教师。

而往小里说，基础教育类的杂志上发表的教育教学论文，都可以说是教师实践经验的总结与提炼。这些文章，包括论文，大多数还是比较贴近一线的教育教学实践的，是可以给一线教师提供教育教学参考的。

"实践经验是一种宝贵的财富，但经验的总结却不易。好的经验总结，一般具有一定的结构化特质，有方法策略的提炼，也更易于经验的迁移。所谓结构化提炼，是指将蕴含在事物背后的规律揭示出来，作为一种普适性的方法加以应用。对于教学实践来说，即是为老师们提供'见到事，还能见到事背后的逻辑'，'见到行为表现，还能见到行为背后蕴藏着的规律'。"[①]这个目标，可以通过教学论文的写作实现。

曾在一次期末复习阶段，我通过走访式调研，连续听了十多节的常态复

---

① 费岭峰.结构化提炼：让经验可迁移[J].小学数学教师，2023（12）：1.

习课后，看到一些成功的案例，也发现了一些问题，于是结合自己对复习教学的认识及听课后的感受进行了一次结构化的整理，撰写了一篇题为《明标定向，精准施策，上好期末阶段复习课》的经验型文章。文中将期末复习课归类为知识整理、专项练习、综合讲评、查漏补缺与思维提升等五类，并分别提出了相应的教学策略。因为有了复习课的归类及其教学经验的提炼，所以针对不同的复习课采用相应教学法的认识更易于一线教师所理解，也更易于一线教师迁移到自身的教学实践中去实践与体验。

实践表明，教师多以这样的方式去总结整理实践形成的经验，对其经验的概括、归纳的提炼水平有一定的促进作用，有利于增强自身的经验总结力。

四、提升实践力

教师的专业成长，最终还是需要通过实践表现出来，体现在实践能力的提升上。教学论文作为教育写作的重要方式之一，不只是对于教师的专业成长有重要的促进作用。江苏省教育科学研究院《江苏教育研究》杂志社编审颜莹在《教育写作：教师教育生活的专业表达》一书中提出：教育写作"更重要的是可以促使教师把教育教学经验转化为切实的研究成果，并让其服务于教学实践"[1]。显然，让作为实践者的教师成长为"实践"与"研究"并重的专业人员，教学论文写作是重要的过程。

有经验的实践者都有体会，把一件事想清楚后再做，其实践成效会更显著。而教学论文写作的过程，即是教师"想清楚问题"的过程，是一种努力求得"知其然，知其所以然"的过程。就拿前不久应《中国教师》胡玉敏编辑的邀约写作的一篇论文《数字技术支持：让区域教学研修更具生长性——数字化教学研修的优势、样式及注意点》[2]来说。这个选题本身对我而言，

---

[1] 颜莹.教育写作：教师教育生活的专业表达[M].南京：江苏凤凰教育出版社，2020：4.
[2] 费岭峰.数字技术支持：让区域教学研修更具生长性——数字化教学研修的优势、样式及注意点[J].中国教师，2023（12）：37-40，80.

涉猎不多，平时实践也较少。于是在写作此文前，去学习了关于"数字技术"的相关文献，同时也收集利用"数字技术"开展的教学研修的案例，包括 2021 年在上海召开的世界数学大会上的一些实践案例。在此基础上开始写作。

整篇文章分为三大部分：第一部分是关于"数字技术"应用于教学研修的优势，如能够打破时空局限、创新研修方式、留下过程痕迹、适宜长程设计等；第二部分谈了数字化教学研修活动的设计原则与样式，如"线下—线上""线上—线下"与"线上线下同步"等；第三部分则是数字化教学研修中的应用及注意点。因为有了对"数字技术"应用于研修的优势的认识，有对数字化研修的方式的总结与分析，这些都会为实践中应用数字化研修提供可操作的方法路径，有利于保障研修活动的质量，提升研修效益。

以上从四个方面阐述了教学论文写作的意义所在。

第2课 "好"论文是"做"出来的

文章从开始时的稚嫩,到后来的成熟,再到后来的有深度,论文写作也会经历这样一个过程。我们抛开态度问题来看教师的论文质量,客观存在着这样的现象:有些教师写的论文比较浅,浮于表面,缺乏创新性;有些教师的论文则相对比较深刻,且有新意,能给人以较多的启发。对于此种现象,有教师在羡慕的同时,会心生困顿:同样是很认真地写,为什么别人能够写出质量比较高的论文,而我却写不出来?"好"论文究竟是怎样写出来的呢?

"好"论文是"做"出来的。表达得更为具体一些,教师写出的高质量的论文一定是写作者在"做"扎实研究的基础上总结提炼出来的。这里的"做"可以表达为以下四个方面。

一、"做实"立足本职的实践研究

实践性是教师职业的基本特点。教书育人,唯有通过实践才能实现。与学生的交流,课堂教学准备,进入课堂的教学,每天的作业评改,日常活动的组织,学生的学业评价,家庭访问……均属于教师常规性工作实践的范畴。而实践也是问题产生的"温床",故而也是教师研究探索的主阵地。

比如,新课程实验开始后,课程理念与传统的教育教学理念间便存在着很大的落差,使得教师在实践新课程时,有了诸多的不适应。教学时,我们到底以讲授为主,还是以学生主动探索为主?课堂上产生的错误,要不要作为学习资源加以应用？怎样的课堂才是体现"学为中心"理念的课堂？小组合作学习后，教师又该如何进行有组织的教学？如何让一节课张弛有度，知识技能的掌握与学习素养的发展能够同步发生？这些均会成为教师实践中需要探索与解决的问题。

又如，2021年，中共中央办公厅、国务院办公厅联合印发了《关于进一步减轻义务教育阶段学生作业负担和校外培训负担的意见》（简称"双减"文件）之后，学生作业管理与学校课后服务，又成为学科教学管理者与教师们需要努力做好的工作。其时产生的许多问题，同样成了教师需要研究解决的问题：怎样的作业量才是合适的？"课堂作业本"怎么用才既能为课堂教学服务，又能减轻学生的课后作业负担？课后"弹性作业"如何设计？基础性作业与挑战性作业如何搭配？如何借助课后服务时间，助力学生个性特长的发展？

因为以上问题是教师在实践中必然会面对的，从功利性来说，也就是需要教师探索解决的策略和方法，因此，需要教师有深入思考，寻求解决之道。于是，这也便可以成为教师们"课题研究"与"论文写作"的选题来源。

我们以新颁布的《义务教育课程方案（2022年版）》（下简称"2022年版课程方案"）为例作一些解读。比如其在"课程实施"的"深化教学改革"中提出了"推进综合学习"，并提出了具体要求："探索大单元教学，积极开展主题化、项目式学习等综合性教学活动，促进学生举一反三、融会贯通，加强知识间的内在关联，促进知识结构化。"[1]

因为有"2022年版课程方案"的要求，因此，在义务教育阶段各科的课程标准中，也相应有了关于主题活动、项目学习等要求，如《义务教育数学课程标准（2022年版）》的"综合与实践"内容中有关于"13个主题活动"与"2个项目学习"的具体内容与要求。这些要求的落地便需要教师做

---

[1] 中华人民共和国教育部. 义务教育课程方案（2022年版）[M]. 北京：北京师范大学出版社，2022：13-16.

深度研究与积极探索。因为这样的研究相对比较聚焦，同时需要有相应的研究实践活动作支撑，得到的研究成果也更具实证性，也就为教师写作高质量论文奠定了基础。

发表于《江苏教育（中学教学）》2023年第3期上彭海华老师写的论文《基于学科拓展的跨学科主题学习的活动设计》，便是借初中科学《物体的运动》一课的教学实践，结合"我的交通安全报告"的主题学习设计与实施过程，将跨学科主题学习活动在初中段的主题设计、组织形式与具体的实施过程，作了较完整的呈现，为教师提供了一个跨学科主题学习的优秀样本。

二、"做好"围绕主题的深度学习

教师写作的高质量论文，除了有实证味之外，一般还需要有理论的支撑和实践的创新。对于写作者来说，要想在这两个方面有所突破，离不开学习。更确切来说，离不开围绕研究主题的学习，包括理论学习与相关文献的延展性学习。

曾写过一篇小论文，主题是关于"学习"的探讨，主标题是"问题：有效学习的起点"，副标题为"基于学习理论的一次科学实验活动教学思考"。此文的写作冲动来自一次科学研讨活动。以下是当时活动中听的一节科学课开头部分的记录。

现象描述

这是一节小学的科学课，内容为科教版四年级上册的《水能溶解一些物质》。课前，教师已经在学生的课桌上摆放着实验材料：两杯水，一堆食盐，一堆沙子。课始，教师提出学习任务。

师：请同学们把桌子上的食盐和沙子分别倒在有水的两个杯子里，观察杯中的现象，把观察到的现象记录下来。

学生以四人小组为单位进行实验活动。

教师则作巡视。当看到一些小组完成了记录，提出了第二个任务：如果你们组记录好了，老师发给你一根搅拌棒。请边搅拌边观察杯中的现象。同样把观察到的现象记录下来。

学生再次活动。

教师巡视，并指名板书。

……

针对以上教学片段的思考，我想到了"有效学习"，又延伸到了有意学习与无意学习。虽然平时对"学习"理论有一定的了解，但为了写好这篇文章，我又去阅读了老一辈心理学研究者朱智贤先生的《儿童心理学》，深读了书中关于"注意"的内容。以心理学意义上的"有意注意"与"无意注意"为基础，我提出了"有意学习"和"无意学习"的概念，并以此为关键点，深度剖析了以上的教学片段，并提出自己的观点："从课堂教学的功能及效度来分析，需要教师更多组织有意学习，减少学习的盲目性。"同时，还提出了教学上的改进点。

此文虽然文字不多，却颇具深度与实践性：一则表现在引用理论分析实践，理据充分，能够说明观点；二来不仅提出了探讨的问题，还有改进的建议，利于教师回归实践去进一步尝试，比较好地处理了理论与实践相辅相成的关系。

当然，教师论文写作中围绕主题的学习，并不仅仅是指一些类似于"临时抱佛脚式"的理论学习，它更应该是基于主题深度理解的理论涉猎，以及基于主题的针对同类实践或相近实践的文献的延展阅读，从而找到关于研究主题的新的突破口。这种学习具有解惑与积淀的作用，也只有建立在此特点上的学习，才有可能写作出有"创新"意味的论文。

这样的学习，一般用在课题研究中的"文献综述"上，当然对教师的论文写作同样适用。唯有做到大量的文献阅读与主题学习，才可能知道别人已经做了什么，还有哪些地方没有涉猎到，我可以从哪些方面入手去探索（或总结）更有意义，也更具创新性。我们说，这也应该是教师论文写作中需要"做"好的事情。

三、"做深"问题聚焦的多维思考

一篇高质量的学术论文,除了表现出"创新"意味,一定还会有厚重感。所谓厚重感,主要是指文章体现出来的思考的厚度与深度。厚度是从文本的整体架构角度来看的,质量高的论文一般表现为层次清晰,且能够逐层推进,体现逻辑性,所选材料丰厚,且针对性强。深度是从文章表达的角度来看的,质量高的论文一般表现为对主题的解读比较深刻,能够抓住问题的本质展开分析与讨论,并能做到逻辑清晰,阐述到位。由此我们不难看出,要想写出一篇高质量的论文,需要写作者"做深"问题聚焦的思考。

此处以浙江大学教育学院课程与学习科学系刘徽副教授的《真实性问题情境的设计研究》[①](以下简称"真实性问题研究")一文为例做些展开。

"真实性问题研究"一文,以"为什么要引入真实性问题情境?"这个问题切入,反思了当前教育面临的最大困境——"学校教育与现实世界的隔离",并进一步思考"去境脉化的学习会形成惰性知识"的原因。然后思考:"真实性问题情境的特征是什么?"强调"真实性问题情境的本质特征是'真实性'而不是'真实'"。真实性问题情境的表现性特征主要有"开放性""复杂性""多元性"和"限制性"。最后去思考:"真实性问题情境如何设计?"

从以上分析可以看出,"真实性问题研究"一文中的三个一级层面的问题,从"为什么"到"是什么",再到"怎么做",围绕"真实性问题情境"逐层推进,由问题剖析到内涵思辨,最后到操作层面。有理性思考,更有回归实践的设计,体现了理论与实践的结合,并最终应用于实践的研究意义。

聚焦问题"做"深度思考,是高质量论文的典型特点,更应该成为写作教学论文的基本要求。因为论文写作时,能够对核心问题"做"有深度的思考,才能够找到问题产生的根本原因,也更易于找到解决问题的对策。我们

---

① 刘徽. 真实性问题情境的设计研究 [J]. 全球教育展望, 2021 (11): 26–44.

来看《以深度教学重构小学数学课堂样态》①一文，作者针对"浅层教学"作了深度分析：

只求"效率"，留恋于接受

只求"简单"，局限于累积

只求"流畅"，落脚于浅尝

只求"结果"，停滞于机械

四个问题，聚焦于接受、累积、浅尝与机械，并给出结论：这样的数学课堂教学，"囿于教学程序、教学结果、教学时间的限制，未能实现'理解的学习''联系的学习'和'通过数学学会思维'等数学学习的根本任务"。然后提出了解决问题的办法——"深度教学"，即引导学生深度思考的"深度学"，强化教师问题引领的"深度教"。

聚焦问题"做"深度思考，还能够让论文写作的视角突破常规，突显创新性。比如，英语学科中关于"学习支架"的探讨，已经是一个被广泛讨论的话题，若教师的论文写作只是从"学习支架"的设计出发去总结方法、提出建议的话，显然实用意义降低了，还不太容易体现新意。此时，写作者若能对一线教师的英语课堂中"学习支架"的设计与应用进行一次深度调研，发现实践中存在的问题，归并为几个大类，并分析造成这种问题的原因，然后再提出相应的对策。我们说，因为这些问题的真实存在，需要实实在在去解决，那么，探索的方法也便有应用的价值与意义。因此，这样的论文也便有其写作的意义了。同时，因为在实践基础上的提炼，其质量也有相应的保证。

四、"做成"完整深刻的结构提炼

"好"论文，除了真实性、创新性，还需要在表达上做到结构化与精细

---

① 朱红伟.以深度教学重构小学数学课堂样态[J].上海教育科研，2020（6）：85-88.

化，这也是写作者对研究主题做精、做实、做透的具体表现。事实上，一篇高质量的论文，一般具有清晰的结构化表达的特征。

强调结构化表达，核心是在强调"逻辑思辨"。从文本表达来看，我们一般可以遵从三种不同的逻辑：一是事件本身具有的发生发展逻辑，比如课堂教学进程中的导入、展开、深入、巩固、延伸等，便是一节课教学组织中所需要遵从的逻辑；二是概念自身结构关系上的逻辑，如主论点与分论点间的关系；三是学习者自身具有的认识逻辑，其实就是我们平时所说的认知规律。对于教师而言，能够遵从以上三种不同维度的"逻辑思辨"写成的教学论文，一般来说条理会比较清楚，结构也会比较清晰，也更易于读者理解，更能给人以启发、借鉴。

讲个例子：

一位特级教师用"9个〇"这个材料串起了"分数意义"整节课的主体探究环节。如果只是从表面上看，这里的"9个〇"与其他课堂上见到的"1个正方形、4个苹果、12个△"等学习材料几无不同，但深入解读之后，却有着不一样的逻辑。具体表现为三方面的价值：材料的同一性、思维的层次性、本质的一致性。材料的同一性指的是9个图形都是〇，以此来表示$\frac{1}{4}$。学生在理解$\frac{1}{4}$时，能够于"同中看到不同"，又能从"不同中理解相同"。思维的层次性也好理解，即从课堂生成来看，有用一个〇表示$\frac{1}{4}$的，用4个〇表示$\frac{1}{4}$的，用8个〇表示$\frac{1}{4}$，甚至有用全部9个〇表示$\frac{1}{4}$的。这个过程中学生表现出来的思维水平是有差异的。因为有了思维的差异，课堂交流便变得更有意义；因为有了差异，学生的学习进阶显得更为明显。当然，最终又体现在分数意义的一致性上，即无论是将"几个〇"看作"1"（有时把1个〇看成"1"，有时可以把几个〇看成"1"），当我们需要一个比"1"小的数来表示某个结果时，只要将这个"1"平均分成几份，其中的1份就是它的几分之一。因此，通过这样一个活动后，学生会发现，在理解分数的意义时，关键还是在于找到相应的"1"。

将本堂课的设计再作梳理与提炼，会发现：学生在认识数的时候，一般需要经历情境认知、图式认知与意义认知三个阶段，而这也正是"数的认识"与"数概念理解"的一般规律。有了这样的归纳与提炼，"数的认识"教学的经验就变得可迁移了，自然数的认识可以这么经历，小数的认识、分数的认识也可按照同样的路径，经历相似的过程，于是就有了"像认识自然数那样来认识小数（分数）"的说法。①

以上案例分析的过程，抓住的正是事件发生发展的逻辑、概念内在的逻辑与学生认识规律展开的。这样的解读相对深刻，能够引导读者深度理解，并易于学习借鉴。

当然，在实际的论文写作时，具体的文本结构框架，还可以是基于"问题—归因—对策"这一问题辨析与解决的逻辑思路来架构，可以从"主观点"解构成"分论点"式的架构，当然还可以是"概念内涵＋理论思辨＋实践策略"三部分架构。只是无论哪一种架构，若想实现思维层次清晰，表达内容易于教师理解，还需要有"精细化"打磨的过程作为保证。

---

① 费岭峰.结构化提炼：让经验可迁移[J].小学数学教师，2023（12）：1.

阅读材料一

学生提出"问题"以后
——关于《不合群的小蝌蚪》第一课时教学的对话*

在本学期首次"新教师沙龙"上,学校语文组为新教师展示了一节很有特色的公开课——《不合群的小蝌蚪》。本课以学生自由阅读课文为起始,引导学生提出相关问题,教师则有意识地围绕学生提出的问题展开教学,力求体现《全日制义务教育语文课程标准(实验稿)》中提出的"初步学会默读,能对课文中不理解的地方提出疑问"的阅读教学目标(第二学段)。以下是学生在自读课文的基础上提出的问题。

问题1:小蝌蚪为什么不跟他们在一起?
问题2:不合群的小蝌蚪是怎么钻出来的?
问题3:为什么变成蛤蟆的小蝌蚪爱群游,变成青蛙的小蝌蚪爱独游?
问题4:为什么小蝌蚪长大后不一样?
问题5:为什么小蝌蚪不是一家?
问题6:为什么那只小蝌蚪喜欢独游?
问题7:"不合群"是什么意思?
问题8:我们是怎么观察小蝌蚪的?
问题9:癞蛤蟆和青蛙不是一种动物,为什么小时候都叫蝌蚪?

---

* 此文是本书著者在参与了一次学校语文教研组研讨活动后,与执教者陆勤老师间的对话稿,发表于本地内部刊物《嘉兴教育》2007年第1期。

认识篇 19

问题10：为什么小时候那么相像，长大后会不一样？

问题11："别扭"是什么意思？

问题12：癞蛤蟆的生长过程是怎样的？

问题13："悠闲"是什么意思？

问题14：什么叫"仍旧"？

问题15：癞蛤蟆和青蛙都会吃害虫吗？

在学生提出问题的同时，教师一一把问题简要地板书在黑板上。

课后，我（即下文的"费"）与本课执教者（即下文的"陆"）就以"在三年级学生中如何有效地达成课程标准所提出的教学目标"进行了交流和探讨。

费：我是一名数学老师，从数学学科来看，"提出相关数学问题"是学生数学学习的重要方面，也是学生"解决问题能力培养"的一个重要组成部分。想来在语文教学中，"提出问题"也有其重要的作用和具体的内涵。

陆："提出自己不明白的问题"也是语文教学的一个重要方面。在《全日制义务教育语文课程标准（实验稿）》第二学段（3—4年级）阅读教学目标中便提出"初步学会默读，能对课文中不理解的地方提出疑问"的目标。

古人云："学起于思，思源于疑。"问题是学生学习的起点，也是学生思维的核心。"引导学生提出问题"，既是引导学生展示自我认识与文本内涵之间的冲突，进入"心求通而未得""口欲言而不能"的"愤""悱"境界必不可少的过程，同时也是教师关注学生的认知经验，激发学生主动参与学习过程时比较有效的策略。

费：三年级学生问题意识和质疑能力还不是很强，许多学生还缺乏从语文学习的角度来提出问题的意识和能力。我认为，从语文学习的角度来分析本节课学生提出的问题，基本可以分为三类：一类是与理解课文词语有关的问题，约占问题总数的20%（包括"'悠闲'是什么意思""什么叫'仍旧'""'别扭'是什么意思"等）；一类是与理解课文内容有关的问题，约占问题总数的40%（"小蝌蚪为什么不跟他们在一起""不合群的小蝌蚪是怎么钻出来的""为什么变成蛤蟆的小蝌蚪爱群游，变成青蛙的小蝌蚪爱独游""为什么那只小蝌蚪喜欢独游""我们是怎么观察小蝌蚪的""'不合群'是什么意思"等）；另一类是游离于课文学习之外的问题，约占问题总数的40%。

陆：确实是这样，三年级学生在语文学习方面的能力还不是很强，很多能力还只是在培养的起步阶段，包括"对自己不明白的地方提出疑问"，我执教了好几个班级，碰到的情况是相似的。许多学生刚开始只会对一些不理解的词语提出自己的疑问，进而可能会提一些与语文学习不直接相关但他们感兴趣的问题，如"癞蛤蟆和青蛙都会吃害虫吗？"等。这是符合三年级学生的认知特点的。要想让学生提出一些高质量的、与语文学习直接相关的问题，有时需要教师给予适当的启发和引导。曾经在一次试教中，学生仅仅"把不理解的词语作为问题"提出来，于是我作了这样的引导："刚才小朋友开动了脑筋，提出了许多你不理解的词语。现在，请你再读读课题，联系课文内容思考一下，还有哪些问题你想了解，或者你很不明白。请你提出来。"当时，课堂上一下子安静下来了，学生似乎有些摸不着头脑。终于有一位学生提出了一个与学习课文内容相关的问题："为什么那只小蝌蚪喜欢独游？"我随即抓住这一问题深入引导，于是有更多的学生提出了有价值的、与学习这篇课文相关的值得研究的问题。如"我们是怎么发现这只独游的小蝌蚪的""不合群的小蝌蚪长得怎么样""他们是一家人吗"等。当然，在学生的提问中，出现了一些与课文学习不直接相关的、基于科学知识的问题，如"癞蛤蟆的生长过程是怎样的""癞蛤蟆和青蛙不是一种动物，为什么小时候都叫蝌蚪"等。但这些问题对三年级的学生来说，确实也是感兴趣的问题，他们提出来，我觉得是无可非议的，符合孩子学习的天性和兴趣。

费：显然，"能够提出问题"和"提出有价值的问题"是两个不同层次的概念。也许我们在引导学生提问的开始阶段，感到学生能够提出一些问题就已经很不错了。但这只是一个开始，更重要的是，我们通过一定的评价与指导策略来引导学生渐渐地提出一些高质量的问题，对语文学习有价值的问题，让学生渐渐学会用"语文的眼光"来关注语文学习。那么，在本节课的教学中，你对学生提出的问题作了怎样的处理呢？

陆：针对学生提出的问题，我主要采用了两种应对措施。

一是肯定。凡是学生提出与本文学习相关的问题，我都将它们板书在黑板上，并结合课文内容，有意识地进行了分类整理，引导学生分三个板块进行自主学习（通过研究教材后，我发现本文可以分三个学习板块：一是发现独游的小蝌蚪，二是观察独游的小蝌蚪，三是了解相关知识）。当学生提到相关问题时，如"我们是怎么观察小蝌蚪的"，我便及时板书：怎样发现的？学生提出"为什么那只小蝌蚪喜欢独游"后，我板书：为什么不合群？然后组织学生对文本进行解读，交流对话，有效互动，从而领悟相关内容，解决相关问题。事实上，学生提出的与课文学习相关的问题绝大多数可以在文本的解读过程中予以解决。

二是回避。说实在的，要想让学生提出的问题与课文学习都有关，在实际的教学中很难实现。学生时常会提出一些游离于课文学习之外的问题，此时，回避也是一种比较有效的策略，只不过在处理时要注意保护学生的学习热情。因为回避并不是简单的否定，而是需要一定的艺术。当学生提出与课文学习没有直接关系的科学性问题时，教师可以运用恰当的评价来暗示学生："你提出的问题这篇课文没有涉及，课后你可以去找找相关的课外资料，肯定会有更大的收获。""你提的这个问题在科学课中一定能找到满意的答案。"有时也可以通过罗列在黑板的另一侧来肯定学生的学习意向，保护他们的学习热情。

学习是一个积累的过程，提问能力的培养同样需要一个过程。只要坚持，一段时间后，学生在这种氛围的熏陶下，不但提问的积极性会有所增强，提问的质量也会随之提高。

费：想来在语文课的教学中，"引导学生提出问题"的目标定位不仅仅局限于让学生去思考文中的一些问题吧。它还应该包括：通过引导学生参与提问的过程，进一步感悟和体验语言文字的魅力，学会清晰表达自己想要表达的意思，提高学生对语言文字的驾驭能力。这也许正是学生在语文课中的"提问"与其他学科中的"提问"的不同之处吧。

陆：是的，"在提问中进行语言文字训练"应该是语文课中的"提问"

与其他学科相比所具有的更深的内涵，且在中低年级中更为注重。实际教学中，学生时常能够发现问题，但不能用清晰的语言来表述，无法将意思说清楚。"引导学生说好一句通顺的话，问好一个问题"也是语文课中引导学生学会质疑的重要内容之一。因此，当学生出现发问困难时，教师要及时给予帮助，通过自己或者引导其他学生来完善问题的内容，从而培养学生"问"的信心，提高学生"问"的能力。

费：在这节课中，你把解决问题的过程与语文学习的过程结合得很紧密，效果也比较好。但这一过程的有效完成对教师的调控能力提出了相当高的要求。

陆：组织一堂有效的语文课，教师应该引导学生把解决问题的过程与语文学习的过程有机地结合起来。如果这两者脱节，那么既可能会影响到学生对课文内容的整体把握，同时也不利于学生语文素养的提高，从而背离阅读教学的基本目标。当然，教师要自如地应对这一要求，必须作好充分的课前准备。首先，要深入研究教材，钻研文本，了解该课文中哪些问题是课内所要研究的关键问题，哪些问题是与该文有关的细节问题，哪些问题与课文学习没有直接关系，但有一定的联系。其次，要研究学生，预判学生可能会提出什么问题，哪些问题学生可能会比较感兴趣，哪些问题是文本学习的关键，但学生可能无法提出来。要做好这件事，在很大程度上依赖于教师强大的教学基本功，同时也需要教师在课堂上保持敏锐的洞察力和较强的应变能力。

费：最后想说的是，课程标准中提出的使学生"能对课文中不理解的地方提出疑问"。我想，这不仅仅是针对课前而言的，它还应该包括激发学生学习课文以后再次提出问题。我们教师是否应该在课后留一点时间让学生提出新的问题，使学生带着新的问题出课堂呢？

陆：最理想的课堂应该是，学生在课堂上不断有新的问题生成，在不断解疑、不断质疑的过程中，学生的学习能力和思维能力得到提升。因此，在平时的课堂教学中，我们都应该在学完课文后，留一点时间让学生提出新的问题。我们不必担心学生提出的问题是否与课文学习相关。如果学生提出了与课文学习直接相关的问题，那么可以用一点时间引导学生带着新的问题读读文本，看能否解决。如果课堂上不能解决，可以利用课余时间与学生个别交流。如果学生提出了与课文学习无直接相关的问题，那么我们可以让学生带着问题出课堂，引导学生去搜集一些相关的课外阅读资料，从课本以外去获得满意的答案，从而使语文学习自然地延伸拓展，提高学生综合学习的能力。

费：如果在这节课中，让学生带着问题出课堂的话，你希望学生带着怎样的问题出课堂？我们是否可以把学生课前提出的问题作为课后研究的问题呢？教师要不要利用一点时间（指课余其他时间）对这些问题进行一定的反馈？

陆：本节课是第一课时，课文的学习还没有结束，所以结束时，我没有让学生再提问题。学完这篇课文后，我会留给学生再次提问的时间。如果有学生提出前面已经解答的问题，说明这位学生对这块内容的学习还有暂时的困难，我可以找适当的时间与该学生进行个别沟通，给予一定的帮助。对于学生在课前提出的和课文学习没有直接关系的但有一定研究价值的问题，可以作为研究性学习的内容，引导学生自主研究，并利用适当的时间（如综合实践活动时间等），对这些问题作适当的反馈，保护学生的求知欲。事实上，课后组织学生提出一些问题，也是教师即时反思的表现，有助于教师及时采取相应措施，来弥补课堂教学中的不足，从而真正提高课堂教学的实效性。

思考与练习 1

从"阅读材料一"中我们可以体会到,教学研讨活动也是深度探讨教学问题的重要契机。活动中的"对话"是一种很好的相互启发的方式。"阅读材料一"也引发我们去思考:

(1)如何从实践中挖掘值得深度探讨的话题?

(2)如何在看似"散点式"的对话中,围绕主题梳理出逻辑链,并加以结构化呈现?

练习:

从某本教学类杂志上选择一篇感兴趣的教学论文(也可以是课例),试着做一次深度阅读,理解其核心观点,感受教学写作的意义。并作延伸思考:

(1)此文的核心观点是什么?对你理解教学实践有何意义?

(2)你能否以此文为例,思考教学实践中的同类问题?记录一两个同类问题。

(3)选择以上问题中的一个,参照所读文章,设计一份论文提纲。

选题篇

教师的论文写作能"写什么"也是一个基本问题。因为有了前一篇对教师论文写作的意义的分析，因此，说宽泛些，只要是教师职责范围内的工作，其实都是可以作为其论文写作的素材的。当然，若要写出有一定新意的文章，并对实践工作有进一步的促进作用，还能对自身的专业发展有益，那么便需要对论文写作的主题来源与立意有一定的深度思考。本篇就此问题作展开讨论。

第3课　论文写作的选题与立意

选题和立意也是教学论文写作中的基本问题。

选怎样的题来研究与写作,是教师写作教学论文时首先要考虑的问题。广义上讲,教师教育教学工作中的任何点,都可以成为教学论文写作的选题:可以是已有的经验,也可以是关注的问题,当然还可以是针对某个热门的概念展开论述。换言之,对于教师个体来说,想写什么都可以。但若想论文有质量,或者更有写作的意义,那么,教学论文写作的选题还是要考虑"立意"的。所谓立意,是指文章探讨的问题或者核心思想是否具有普遍意义,即研究这个课题或写作这篇教学论文的价值。说得直白些,即是这个内容值得研究吗?值得提炼吗?我们说,教师要做有价值的研究,教学论文选题的立意越高,其学术研究的价值也越高,教师写作的意义也就越大。因此,教师写作教学论文时,需要注意选题的立意,要从单纯的"实",走向一定的"高度"和"深度"。

比如关于小学生的习作教学,若仅仅定位在写作技能技巧的角度来研究与实践,立意一般不会高。而将其定位在表达、语用的角度来研究与探索,立意显然提升了。因为小学生的习作更多是书面表达的一种形式,也是语言应用的一种途径,是发展一个人语言文字素养的重要内容与载体。而有技巧的写作则更多是后续专业人员(比如作家、诗人等)所必需的。小学生的写作教学研究,定位在语用的角度更有价值。

以下我们结合一个例子来具体理解教学研究与论文写作的立意的不同层

次。比如，关于小学生对家庭作业兴趣不浓、作业质量不高的问题的探索研究，可以有以下三个不同维度的选题。

选题1：趣味性家庭作业的设计与应用

选题2：快乐作业，基于核心素养下"情趣化"作业题的开发与设计

选题3：无作业日：小学生家庭作业激励性设计与实践探索

我们来分析一下，这三个不同维度的选题，分别体现了怎样的立意。先来看"选题1"。因为学生对家庭作业"兴趣不浓"，继而造成了作业质量不高，故从激发学生写作业的兴趣出发，探索趣味性作业的设计，有其实践意义。但从立意来看，有两个方面影响了此题的研究价值：一是新意不够。"趣味性"作业的研究已经不属于"新题"，而是一个"老"话题。教师可以将其作为解决当下所教对象中存在问题进行的探索，但研究中所采用的方法，或者探索得到的方法策略，对于别人而言可能已经没有新意了。这样的研究，一般可以称为"重复性研究"。重复性研究也是影响一项研究价值意义的重要因素。二是聚焦不足。此题研究"趣味性家庭作业"的设计与应用，过于宽泛，会影响研究的深度，同样也会降低研究价值。若想继续围绕此选题进行研究与思考，需要将其作进一步聚焦，后文再作分析。

再来看"选题2"。相较于"选题1"，从"趣味性作业"聚焦到"情趣化作业题"，即从泛在的作业聚焦到作业"题"，范围小了，易于研究者抓住重点着力。同时，以"情趣化"呼应"快乐作业"，可以看到理念的变化，即将作业的功能从单纯在知识技能巩固的层面上定位，扩展到了对学生学习情感、态度的关注，显然丰富了作业研究的内涵。于是，此研究的意义变得大了，立意也更高了，表明其更值得研究了。

当然，相对来说，三个选题中"选题3"的立意是最高的。理由有三：首先，"无作业日"是一个概念，也是一种实践方式，有抓手，更有丰富的内涵，可以理解为针对群体的"不布置作业"，也可以理解为针对个体的"不做作业"，还可以从作业的形式上来解读（如无书面作业等）；其次，在

实践层面上，"无作业日"的提出相对较"新"，可参考、可借鉴的实践经验并不多，这就为研究者提供了更大的探索空间，利于形成有自己特色的研究成果，利于将研究成果稍作提炼即有"创新"的意味；最后，"无作业日"可以作为一种家庭作业激励性设计的策略定位，"无作业"不是真正的"没作业"，而是将"无作业"上升到"作业自主"与"作业创新"的层面，使得"无作业"变成激发学生完成自主设计的作业，或者成为学生自主选择的基本方式，这样一来，"无作业日"的真正目的得到了实现，"无作业日"的研究价值得以更高位的体现。

由此可见，第三个选题的方向，其立意相对是高的。以此题作为研究点，在实践探索的基础上进行相应的论文写作，也更有可能写出有创意的、更具普适性与推广价值的论文。

那么，我们又该如何在选题的同时，去考虑所选研究主题的立意呢？接下来就从三个维度谈谈这个问题。

一、抓住"热点"

热点，简言之，就是指热门的话题（或事件），即是指现时受大众普遍关注的新闻或信息，或者是指某个时间段里引人注目的地方或者问题。教师论文写作相关的热点，一般是指与教育相关的热点，包括新闻、信息或问题。教师的教学论文写作，从热点中选题，一直以来都被认为是比较好的方式，也是有效提升论文写作立意的基本方式之一。原因在于，"热点"之所以成为热点，一般都有其吸引人们关注的特质，比如国家最新出台的与教育相关的政策、法规等，或者是公民共同关心的教育问题等。热点，若是相关文件引发的，则需要把文件精神及时地落实；若是实践问题引发的，则需要积极探索方法加以解决。无论是哪类，均有研究意义与价值，选题立意也相对较高。因此，热点一般更易于被研究者作为论文写作的选题。比如，2021年7月，中共中央办公厅、国务院办公厅联合印发的"双减"文件，其中涉及关于"作业"的相关要求，成了教师迫切需要去落实的工作。那个时间段里，许多教师围绕这一主题进行研究，写作教学论文。

我们通过嘉兴市的"数字图书馆"文献检索平台，输入"作业管理"与"作业设计"两个关键词后，搜索到的期刊文章共计87753条。从几个年份的数量变化，我们可以看到这些年研究作业的文章数量虽逐年增加，但文件出台后的增加量速度最快。我们来看数据，在2010—2020年，年增长幅度最高为2013—2014年，增加了809条，增长率为21.6%。从最少的2010年的2239条，到了2020年的5592条，十年时间增长了160%。我们再来看2020—2021年，与主题相关的信息总条数增加了1850条，增长率一下子上升了33%；2021—2022年，则是增加了3371条，从2021年的7442条，上升到了10813条，突破了万条关口，这一年的增长率则是达到了45%。2023年则仍然有10849条，稳定在了万条以上，与2020年的信息条数相比，这三年时间相关信息的增长率就达到了94%。这表明，"双减"文件出台后，"作业管理"与"作业设计"，成了教师们研究与探讨的热点。

站在2024年这个时间点上，老师们可以关注并作为研究选题的热点，除了"留有余温"的"双减"文件精神的落地之外，当属"2022年版课程方案"与各学科"2022年版课程标准"中的相关内容。关于"2022年版课程方案"与课标，从理念到内涵，再到具体内容要求落地的探讨，已经从2022年下半年开始，成为教育教学研究当之无愧的热点了。教师们也确实需要围绕"2022年版课程方案"与课标，对课改理念、课程内容、课程目标以及课程实施等内容进行深入思考，探索有效落地的策略方法。实践层面也需要有应对之策，以便能更好地将理念落实于行动之中。这也应该是选择以新版方案与课标内容作为教学论文写作的主题的价值和意义。

我们来看个例子。本书著者主持的工作室自2021年下半年开始围绕小学数学课程标准中提出的主题进行了研究：量感、直观想象、数据意识、模型意识、推理意识等。一个学期一个主题，每个主题研究之后，总结整理一组论文。以下是2022年下半年围绕"数据意识培养"写的一组文章。①

主题稿：发展小学生数据意识的内涵及其教学思考

案例一：指向数据意识测评的评价工具探讨

案例二：全过程经历，发展学生数据意识——人教版数学二年级下册"统计"教学的学情分析与教学思考

案例三：统计图：基于结构因需而选的数据表达方式——对人教版数学五年级"折线统计图"的教学思考

案例四：过程测评：培育数据意识的一种路径——小学阶段统计图测评题的设计与思考

在这组教学论文与案例中，既有中观层面的概念解读，又有实践案例的具体设计与教学思考，还有针对"数据意识"的测评与探讨。这些都是需要一线教师在理解新版课标提出的核心素养表现之一"数据意识"的内涵基础上，落实于教学实践中的。现在这一组文章作为先行研究成果加以呈现，给实践者提供借鉴与参考，显然典型地体现了围绕热点研究与论文写作的意义。主题稿也被人大复印报刊资料《小学数学教与学》杂志全文转载，表明文章有一定的推广意义。

二、着眼"难点"

难点一般是指不容易解决的问题。教育教学实践中也有许多难点，比如学困生问题、课堂教学中全体参与的问题、学生差异的关注问题，等等。教育教学实践中，对于难点问题的研究，始终具有实践意义，也是教育教学论文写作时选题的重要来源。不过，在实践中，教师在选择难点作为研究点时，比较容易出现聚焦不够、新意不足、挖掘不深等问题，造成泛泛而谈，分析不透，从而使得文章的立意不高。

---

① 费岭峰，等.本期主题：数据意识培养[J].小学教学研究（教研版），2023（7）：4-16.

那么，在将教育教学的难点问题作为教学研究与论文写作的选题时，如何才能提升论文写作的立意呢？我们可以用以下两种思路去突破。

角度一：改变研究方法

学生"家庭作业质量不高"的问题由来已久，许多教师的文章在谈及此问题的解决方法时，时常采用"假想的数据"（即没有通过调查，只凭经验的阐述）作为问题提出，然后直接去谈实践策略，使得许多的文章类同化，缺少新意。若要改变这种状况，最直接的方法便是结合研究点去做调查，收集数据进行分析，并归纳聚焦问题，然后再提出更具针对性的策略。比如，前文谈到的"趣味性家庭作业的设计与应用"这个选题，若以此为研究点去探索的话，首先去调查实践中"采用了趣味性家庭作业"后学生对作业的兴趣仍然不高的现象（已经采用了"趣味性作业"设计了，学生的兴趣仍然不高，背后肯定是有原因的）。然后针对这些问题进行"改进式探索"。这样一来，研究点聚焦在"趣味性家庭作业的设计与应用中的问题"的发现与解决上，相较之前直接根据经验来谈，会更有针对性和说服力，自然也更能体现文章的立意了。

另外，改变研究方法，也能使研究论文体现出个性化的色彩，有利于研究者从定性分析走向定量分析，让论文更具实证性。

角度二：直击问题本质

质量不高的论文一般表现为聚焦不够、分析过浅、逻辑混乱等。造成这种结果的根本原因，还是在于写作者对问题的本质把握不准。我们来看一篇文章——《激活·锤炼·拓展：指向思维品质培养的小学英语阅读教学实践》的框架，核心是探讨小学英语阅读教学中"培养学生思维品质"（这也应该是英语教学中的难点之一）。

引　言

一、阅读前：诱发兴趣，激活思维

（一）以旧带新，导入语篇

　　（二）运用插图，读前预测

　二、阅读中：分层解读，锤炼思维

　　（一）呈现文本，理清脉络

　　（二）图文结合，巧引策略

　　（三）由浅入深，巧设提问

　三、阅读后：综合运用，拓展思维

　　（一）联系生活实际，创新迁移思维

　　（二）兼顾个体差异，分层拓宽思维

　结　语

　　整篇文章由"引言＋主体部分＋结语"构成，结构相对完整，且文章有一定的理据与丰富的案例支撑。从文章的主题来看，重点在谈以"激活""锤炼"与"拓展"三条策略培养学生的思维品质。然而，全文除了第三大部分的二级标题能够让读者明白"是在讲与思维相关"的内容之外，前面两个部分的二级标题的表达不够清晰，没有直击核心问题，不能突显文章的主题。再加上正文中论证观点的文字也缺乏对主题的体现，那么这样的文章质量就无法保证了。这也是教师论文写作中普遍存在的问题。

　　高质量的论文，对于问题本质的把握是极为清晰的，且在文本的各级标题中都能有所体现。我们来看这篇题为《探寻"转化"背后的教学价值——谈化归思想在"平面图形的面积计算"教学中的价值及实现策略》[①]的文章的框架结构。

　引　言

　一、化归思想在不同平面图形面积计算教学中的价值

　　1."长方形面积计算"教学中的化归思想解读

---

① 费岭峰.探寻"转化"背后的教学价值——谈化归思想在"平面图形的面积计算"教学中的价值及实现策略 [J].小学数学教育，2013（1/2）：62-64.

2."平行四边形面积计算"教学中的化归思想解读

3."圆的面积计算"教学中化归思想解读

二、化归思想方法在不同平面图形面积计算教学中的应用策略

1."长方形面积计算"教学：追本溯源，体味化归思想的价值

2."平行四边形面积计算"教学：验"正"纠"错"，明晰化归思想的关键

3."圆的面积计算"教学：化曲为直，突破化归思想的应用空间

"转化"既是小学数学学习的重点思想方法，也是难点内容。此文结合的具体内容——"图形与几何"中的"平面图形面积"的教学，探讨小学数学教学中的"转化"问题。核心问题清晰，能够突出问题的本质。在文章的架构中，聚焦"转化"内涵的解读，抓住不同内容去思考"转化"的特点，直击问题的本质，从而有效突破教学难点，给教师的教学实践提供借鉴。因此，文章的立意自然得到了提升。

三、寻找"支点"

这里的"支点"指的是理论支点，即论文写作中，用来印证核心观点的理论依据，或者是文章整体表现出来的研究框架。相对来说，前者一般适用于"经验总结式论文"，后者更适用于"逻辑演绎式论文"。

1."经验总结式论文"写作时理论依据的寻找

教育教学经验总结也是一线学校教育管理者与老师们经常要做的工作。其实在一线教育实践中，许多经验都是很有价值的，因为在实践层面得到过印证，应该更具推广意义。然而，由于一线教学管理者、教师在经验总结时，对实践中的做法缺少结构化的提炼，使得许多经验停留于"做"，缺了"推而广之"的可能性，从而降低了经验总结的价值与意义。

事实上，经验之所以成为经验，除了因其有可以结构化提炼的元素之

外，还能够找到相应的理论支撑，表明其实践操作的策略方法是符合事物发生与发展的规律的，是有据可循的。比如，近几年关于"先学后教"的大讨论，谈到了"先学后教"的理念理解、实施路径以及"导学稿"等实践推进过程中产生的工具。许多教师也围绕"导学稿""预学单"等进行深入的实践研究，各种期刊上也有许多相关的论文发表。使用"数字图书馆"搜索后，我们可以找到核心期刊发表条目数为 504 条，几乎涉及所有学段与学科。现罗列一些：

《我看"先学后教"》，作者：于会祥，《中小学管理》2014 年第 7 期。

《"先学后教"是增强教学实效的可取模式》，作者：马德钧，《中国教育学刊》2017 年第 11 期。

《"先作后教"如何真正从儿童出发》，作者：王立，《人民教育》2017 年第 9 期。

《先学后教，以学定教——小学语文前置性学习的有效实施》，作者：玉肖美，《语文建设》2021 年第 10 期。

《教学时序：学理澄清与实践超越——以"先教后学"与"先学后教"模式为例》，作者：杨晓奇，董乾然，《课程·教材·教法》2021 年第 10 期。

……

在这些文章中，有的就"先学后教"的内涵与结构进行探讨，有的就其价值与意义进行阐述，有的与前置性学习理论相勾连，有的又结合具体学习内容进行相应的变式设计，还有的就"先学后教"的学理进行澄清……由此提出辩证的观点，以供一线教师学习、思考与应用。也正因为在一个时期内，就"先学后教"有了一定的理论解读与结构化的分析，其价值、意义为更多教师所理解，操作方法与实施要点为其所接受，所以许多教师在借鉴、使用的基础上进一步探索，形成了课内"导学单""预习卡""复习卡""导问单"等更具个性化的导学工具，从而使"先学后教"的实践样态更丰富，且更能贴合学习目标。

2."逻辑演绎式论文"写作时理论框架的搭建

从实际来看,"经验总结式论文"当然是适合教师做实践研究与论文写作的方式。不过,对于教师来说,逻辑思考同样也是一种重要的研究方式,也是撰写教育教学论文的常用思路,特别是在课题研究中,在概念认识与理解时。比如"2022年版课程方案"与各学科"2022年版课程标准"颁布以后,许多体现了课程改革理念的关键词需要一线教师有深度理解,这个过程中,便可以有针对概念的解构与研究框架的搭建。

比如,一位教师在一篇谈"2022年版课程方案"中提出的"跨学科主题学习"的论文中,提出了自己对"跨学科主题学习"的解读与思考,并呈现了"广泛的学科问题"转换成"有意义的跨学科主题学习"的方法路径(如下图)①,为一线教师认识与实践"跨学科主题学习"提供了支撑。

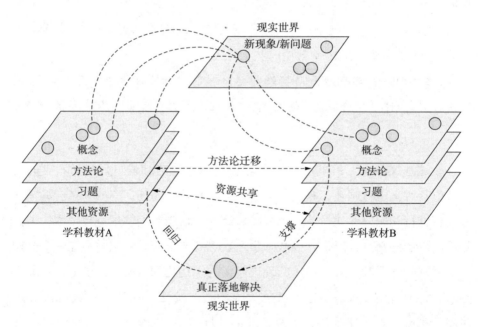

---

① 费海明.课程综合化视域下跨学科主题学习的路径设计[J].江苏教育(中学教学),2023(3):15—20.

实践表明，此类理论框架含有相关的经验要素，却也为进一步实践提供了相对系统化的实践思路。这样的写作，实际上是逻辑演绎的结果。

理论框架的搭建在一线教师的课题研究过程中，更是基本的要求。因为课题研究本就是一种"假设"基础上的实践验证，需要先有设计，然后是尝试，最后是分析与提炼，总结出相应的成果。所以研究理论框架一般会在"课题实施方案"中就有呈现。

我们来看浙江省教研课题"系统思维下的学校教学常规'发生式'管理实践研究"的研究框架（见下图）。①

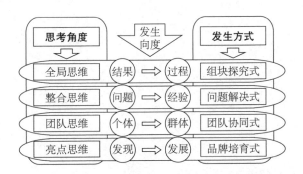

研究框架中，左边一列强调的是系统思维的具体表现形式。系统思维的本质是对事物的全面考量，即"是把想要达到的结果、实现该结果的过程、过程优化以及对未来的影响等一系列问题作为一个整体系统进行研究"②，过程中体现出整体把握、结构分析、动态思辨、综合推动等特点。

向度本就是指一种方向，从多方位、多角度、多层次的丰富性上朝着某个方向发展。框架中间这一列"发生向度"，指的是教学常规"发生式"管理的发生向度，即基于系统思维考量的管理行动发生的起点与终点，突出了"发生式"管理的过程性特征。

右边一列即为"发生式"管理的具体方式。基于不同的思维，结合不同的向度，提出了四种不同的"发生方式"，细化了"发生式"管理的操作路径。

---

① 费岭峰.学校教学常规"发生式"管理[J].基础教育课程，2022（13）：22—27.
② 王世民.思维力：高效的系统思维[M].北京：电子工业出版社，2017：13—15.

这一研究框架，是课题研究实践的基本依据，同时也是结构化提炼时的基础。正因为如此，围绕课题研究框架所撰写的研究论文《学校教学常规"发生式"管理》发表于核心期刊《基础教育课程》。整篇文章典型地体现了"逻辑演绎式"研究思考与论文写作的特点。

第 4 课　从教改热点中选题

时代发展进程中，改革是时常会发生的事情。涉及教育教学领域的，便有课程改革、教学改革，或者评价改革等。每一次改革发生之时，也便是概念新词涌现之时。早些时候，有"素质教育"的概念。1985 年 5 月，"素质教育"一经提出，便成为一个"大热"的词语，成为各个层级教育专家、教育行政管理人员，以及基层的学校管理者与教师的研究热点，也成为教师论文写作时选题的热点。1999 年 6 月，中共中央、国务院出台了《关于深化教育改革全面推进素质教育的决定》，"素质教育"的基本内涵及其相关目标，进一步影响着 21 世纪的国内教育改革、课程改革。如果作个比较，哪个词在教师做研究与写作教学论文时"最热"、影响时间最长，非"素质教育"莫属。

近几年来，教育教学改革中的热点则更多了，前有"核心素养""学为中心""先学后教"等，后有"项目化学习""STEAM 教育""综合素质评价""双减"等，这些热词，对于教育行政部门和基层学校的管理者与教师来说，可谓耳熟能详。2022 年 4 月开始，则是围绕新版课程方案与课程标准的研究与实践……这些成为新一轮的教改热点。

前文谈到，教育教学改革热点，是教师做教育教学研究时选题的重要来源，也是教师论文写作的选题基础。本课就如何从教育教学改革热点中选择论文写作的主题，谈一些可操作的方法策略，以供老师们做教育教学研究与论文写作时参考。

一、概念内涵解读：定位于中观层面的选题

教改热点时常从概念开始。比如"素质教育""核心素养"，再比如"新课程实验"等。同时，这些概念会分解成一些二级概念，比如"核心素养"的下位概念可以有"必备品格""关键能力""正确的价值观"；如"新课程实验"则有"课程方案"与各学科"课程标准"等。教师在实践中要落实相应的工作，或遵循相关理念实践教育，首先得对这些概念的内涵有理解，能把握。要想做到这点，围绕相关"概念内涵解读"进行研究或论文写作，是一种有效的方式。

一般来说，围绕某个"概念内涵解读"的论文写作，相对中观。论文的主体内容一般由概念内涵的厘清、概念特征的表达与概念层级的解析等部分构成，有时候还会增加落于实践时的基本策略。

我们来看一个例子。

发表于《小学数学教师》杂志2022年第10期的《"量感"的意义、内涵解读及其教学要点思考》一文是围绕《义务教育数学课程标准（2022年版）》中提出的数学核心素养表现词之一"量感"进行的写作。从文章的标题就能够清楚地了解到文章的内容，主要是针对"量感"的学习价值、内涵以及教学要点展开论述的。

选择这一主题，并从相对中观的层面加以阐述是有原因的。首先，"量感"这一主题是我所主持的"特级教师工作室"2021学年第一学期的研讨主题，是导师带着学员们学习课程标准并尝试做实践研究的重要内容；其次，这篇文章是工作室学员们围绕"量感"主题研究之后所撰写的一组文稿（共6篇）的主题稿，更多在于作为厘清主题概念的内涵与提出一般教学策略之用，如此处理也是为后续学员们从相对微观层面结合案例展开讨论留出空间。

当然，中观层面的选题，更多指向于概念的理解、特征的剖析，在谈到实践策略时，也相对倾向于一般性方法的提炼。我们再来看一篇发表于《上

海教育科研》2023年第2期的，题为《数据可视化艺术跨学科课程：价值、模式与本土化策略》①的论文。

此文作者是以北京市数字教育研究课题"'互联网＋书法教育'视野下的'双校双师'融合课程体系研究"为研究基础的，本文是阶段研究成果之一。从文章的题目来看，属于课题研究理论思辨部分的成果。刊发时，全文共占6个页面，包括参考文献等，主要有"引言""价值""模式""本土化策略""结语"等5个部分，其中"引言"占1个页面，"价值"接近1个页面，"模式"占2.5个页面，"本土化策略"占大半个页面，"结语"＋参考文献占大半个页面。从文本的内容结构来看，是一篇典型的中观层面的论文，意在厘清"数据可视化艺术跨学科课程"的概念与意义，谈到的相关策略更多是概括性的一般策略。

从此类论文的文字表达来看，相对更理性，思辨味更浓些，更有学术味。写作此类论文，不仅是教改实践的需要，更有利于锻炼教师的逻辑思考力和深度研究力，有利于提高教师的理论素养水平。

二、理念落地之困：着眼于矛盾厘清的选题

"理想很丰满，现实很骨感"一般是用来形容理想与现实间的差距的。教育教学改革热点的讨论中，时常也会出现此类现象，即理念与实践之间存在着不小的差距，需要实践者不断地学习与理解，探索解决问题的方法，努力让理念真正落地。实践中，针对问题研究中的解决方法与策略进行提炼，也是比较好的教学论文写作时的选题。

比如"项目化学习"自2018年提出，一下子就成了教育界的一个热门词语，近几年来，更是作为一种学习方式，成为教师时常应用并积极探索的研究内容。但在实践中，项目化学习与学科学习之间到底是怎样的一种

---

① 郝赫.数据可视化艺术跨学科课程：价值、模式与本土化策略[J].上海教育科研，2023（2）：12-17.

关系？项目化学习一般适用于怎样的学习内容？需要有怎样的学习目标定位？还有，项目化学习与原有的类似于综合实践类的活动有什么区别与联系？学科项目化学习在实践中又该如何把握学科知识内容与拓展性内容间的关系？这些问题需要教师尽快探索有效的办法，从而更好地解决这些问题。于是，我们便看到了许多围绕"项目化学习设计"与项目学习延伸性的内容（如项目作业、项目学评等），谈做法、讲经验、真思考的论文发表在各级各类的期刊上。我们来解读一些发表的文章，了解这些文章又是如何来选题的。

《中学政治教学参考》杂志2022年3月发表了李晔老师的《化知识为素养：项目化学习的教学实现——以"我与集体共成长"为例》[1]为题的"课例式论文"，便是围绕着借项目化学习的"学习特点"与"过程价值"尝试解决实践中过于追求知识技能的问题来选题的。全文概要是这样的：

项目化学习秉持实践知识观，是对现有固化的道德与法治课堂教学方式的一种转型和突破。而这种课堂教学变革无疑是对时代给予思政课持续关切的有力回应。探寻道德与法治课堂教学项目化学习的理论逻辑和实践路径，化道德与法治知识为学科素养，回归学科本质属性，让道德与法治课更好地担负起立德树人重任，实现思政课程育人功能最大化，构建高品质课堂。

上海市教育科学研究院普教所吴宇玉老师撰写的《为素养而教：活动类型项目化学习的设计与实施》[2]一文，发表于《上海教育科研》2022年第10期。这篇文章的选题主要是针对于项目化学习中的"活动类型项目化学习"的实施，相对来说，是更为深化的一种选题。同时，从文章中可以

---

[1] 李晔.化知识为素养：项目化学习的教学实现——以"我与集体共成长"为例[J].中学政治教学参考，2022（3）：45-47.

[2] 吴宇玉.为素养而教：活动类型项目化学习的设计与实施[J].上海教育科研，2022（10）：31-36.

清晰地看到，在聚焦于"活动类型项目化学习"的设计时，因为此类型是区别于"学科类型项目化学习"与"跨学科类型项目化学习"而言的，所以特别强调了两个问题：一是如何理解活动项目化学习面向学科但又不是学科项目化学习，二是如何理解活动项目化学习涉及不同学科但又不是跨学科项目化学习。并由此提出了"活动类型的项目"的来源与设计及实施要点。这涉及了更为具体问题的思考，也是教师比较好的选题方式。

《人民教育》2023年第21期发表的江苏省苏州工业园区车坊实验小学赵建康与李银江两位老师合写的题为《跨学科项目化作业如何避免"为跨而跨"》的文章，围绕"跨学科项目化作业"的价值意义，结合实例谈了相应的问题解决。此选题从实践问题出发，思考实践中的解决策略，比较适合教师做实践研究之用。

实践中，课改理念代表了一种发展的方向，其落地的过程，时常会不可避免地与原有的认识产生冲突。想清楚冲突产生的原因，厘清问题的本质，并分析解决的对策，是教师研究的重点之一，因此也是教师论文写作的重要选题来源。

三、尝试实践探索：立足于教学行动的选题

教师思考教育教学问题当然重要，但更重要的还在于实践。实践是教师工作的基本特质。教改热点需要学习与理解，更需要实践与探索。学习与理解是将教改热点中倡导的理念纳入到认知过程中，实践与探索则更多是指理念落地过程中的校本化、师本化的改造，最终目的是使理念实现落地生根后的再生长。这两个过程，均需要通过探索研究来完成，因此也是教师研究与论文写作的重要选题来源。对于教师来说，围绕"理念理解与应用的实践"的选题也是最为常见的教学论文写作的选题思路。

我们来看发表在《教学月刊·小学版（语文）》2022年第1、2期合刊上的江苏省苏州工业园区景城学校王军老师的一篇文章，题目是《从"逐条关

注"到"融通处理",让语文要素落实见效》①。全文围绕统编教材中"以序列化、体系化的方式设置语文要素",提出"单元语文要素之间有着紧密的内在联系",因此,"教师教学时要避免对语文要素进行逐一关注和落实,应对其进行统整处理,结合要素之间的联系,将其转化为学生的语文能力"。义务教育阶段语文学科使用"统编教材"曾经是一个热点问题,统编教材使用中的许多问题值得一线教师研究与思考。王老师的文章就是以其中的"语文要素"的整体性问题,结合实践去谈一些想法和做法。

当然,针对教改中的热点问题,结合实践去尝试的方式,更多还是表现在具体内容的教学上。有时是结合一节课的实践,有时则是围绕整个单元的探索。

我们来看下面的两个例子。

《化学教与学》杂志2022年第9期发表的苏州新草桥中学邹雁老师的《基于项目化学习培养学生学科素养》②的论文,副标题为"以'石头纸与木浆纸'的教学为例"。显然,此文是以一节课的教学来谈关于"项目化学习"的实践问题的。文中很清楚地表明:以酸、碱、盐复习课——"石头纸与木浆纸"的教学为例,介绍学科项目化学习在初中课堂的实践与思考。选题指向教改热点"项目化学习",研究载体是一节课的教学。实际上,我们可以从任意一本教学类的杂志上,看到很多文章是以这样的选题方式来进行研究与论文写作的。另外,很多一线名师出版的专著也是以这样的方式集中呈现研究成果的。

再来看浙江省杭州市拱墅区教育研究院王红霞老师写的《基于核心知识的单元项目化学习的设计与实践——以四年级上册第八单元为例》③一文。从

---

① 王军.从"逐条关注"到"融通处理",让语文要素落实见效[J].教学月刊·小学版(语文),2022(1/2):90–93.

② 邹雁.基于项目化学习培养学生学科素养——以"石头纸与木浆纸"的教学为例[J].化学教与学,2022(9):83–87.

③ 王红霞.基于核心知识的单元项目化学习的设计与实践——以四年级上册第八单元为例[J].语文建设,2022(5):35–40.

正副标题可以清楚地知道，这是一篇以单元整体设计为载体来探讨"项目化学习"的文章。我们可以了解下文章的大致内容：

单元项目化学习是以单元核心知识为基点，依据单元编排内容进行合理化地整合、调整，从而设计出相应的单元学习项目，在学科素养的培养方面具有独特的优势。本文以四年级上册第八单元为例，以"找准单元定位，提炼核心知识""确定学习项目，确定学习目标""设计驱动性问题，展开学习实践""立足学习成果，展开全程评价"为路径，谈一谈单元项目化学习的设计与实践。

无论是以一节课的实践为载体，还是以一个单元的整体思考或实践为依托，此类选题，更多指向于理念落地中的一些问题的思考与解决，意在通过某个实践样例，研究提炼出一些策略，供其他教师或研究者参考。

四、创新不忘扎实：生成于热点反思的选题

对于"热点"的反思，我们可以称之为"冷思考"。我们先来看一个例子。

《上海师范大学学报（哲学社会科学版）》2022年第4期发表了杭州师范大学安富海教授的题为《项目化学习的实践困境及改进策略研究》[①]的文章，主要针对的是"项目化学习"在实践中存在的问题，并提出了相应的改进策略。这样的选题，属于典型的"冷思考"式的选题。

我们来看看文章的大致内容：首先谈了"项目化学习作为一种指向学生发展核心素养、促进学生深度学习的方式，能够并在一定程度上已经促进了学生核心素养的发展"。这是对其意义与价值的肯定，随即提出实践中存在的问题：

---

① 安富海.项目化学习的实践困境及改进策略研究[J].上海师范大学学报（哲学社会科学版），2022（4）：119-125.

目标方面存在定位不清晰、活动游离于目标之外；

内容方面存在问题"驱动性"不强、相关领域基础知识对项目支持不够；

过程方面存在学生对项目成果贡献不足、跨学科思维体现不多；

评价方面存在对学生学习过程关注不够、评价量规与多学科素养匹配性不强。

这四个维度的问题，是对正处于热热闹闹实践中的"项目化学习"的较为全面的反思，有利于引发教师冷静下来分析实践。当然，在后面的内容中，作者也提出了相应的对策："应该通过科学认识项目化学习的价值，检视项目化学习的实施方式，提升教师项目化学习的目标确定能力、知识整合能力、问题设计能力和学习评价能力等途径，促进项目化学习更好地为学生核心素养发展服务。"

此类对于热点落于实践后反思的选题，也应该可以成为教师研究实践的重要选题来源。有时正因为有此类选题的研究，才让教师冷静地看待热点，理性对待改革方法策略的探索与应用中产生的问题，能够更加辩证地看待"新理念、新思路"，从而保障课改实践的顺利推进。类似于此类选题，有教师直接采用"冷思考"来命题，可以让读者更明确研究的主旨。即时在本市"数字图书馆"上输入"先学后教"与"冷思考"这两个关键词，可以搜到247条相关信息，选取几条记录如下：

《初中物理"先学后教"下的"冷"思考》，作者：周卫，发表于《读与写（教育教学版）》2015年第10期。

《对于小学数学"先学后教"热的冷思考》，作者：李连民，发表于《教育实践与研究（A）》2013年第11期。

《"学案导学"热的冷思考》，作者：马伟中，发表于《江苏教育（小学教学版）》2018年第7期。

类似于这样的文章，均是从"先学后教"或"学案导学"热切入，重点分析其实践中存在的问题。核心观点一般落在："先学后教"也好，还是

"学案导学"也好,在改革热潮中,确实有其创新意义与实践的价值,但也并不表明适用于每个内容,每一节课。这便是一种辩证思维,一种较好地处理创新与传承之间关系的研究。

总的来说,因为从教改热点中选择教学研究与论文写作的主题,确实需要解决理念落地问题,同时也较容易写出新意来,所以也是教师比较常用的研究与论文写作方式。

阅读材料二

"双减"背景下作业设计与管理研究的选题建议*

与社会发展一样，教育的发展同样充满着许多的不确定性。教育规律的发现是在不断探索、不断实践中完成的。因此，教育教学的改革尝试是推动教育发展必不可少的部分，结合教育教学改革热点的选题也最能体现教育科研的创新意义。教育教学改革热点应该是教师课题研究的重要选题来源。政策出台，文件要求的落地，也正是教育教学改革热点的重要源泉，其从制度层面进入到实践运用层面，基本途径也需要通过课题研究的方式进行不断完善与扎实。因此，对于教师来说，结合文件内容，在明晰文件要求的基础上选取合适的研究课题，并进行深入而扎实的实践研究，既是一种重要的专业素养，同时也是一种责任。以下结合"双减"文件出台后，就教师如何基于"双减"文件中关于作业设计与管理的要求，选取适合的教育科学研究课题，谈一些思考与建议。

一、基于文件整体内容把握的选题

2021 年 7 月，中共中央办公厅、国务院办公厅印发了《关于进一步减轻义务教育阶段学生作业负担和校外培训负担的意见》，此文件的出台，旨

---

* 此文由本书著者与陈微老师合作，发表于《小学教学研究（教研版）》2022 年第 12 期，选入时有删改。

在"有效减轻义务教育阶段学生过重作业负担和校外培训负担"。文件主体内容包括八个板块,共计30条。与学校教师在"作业设计与管理"上相关的是第二板块的五条,即文件中的第4条到第8条的相关内容。

仔细研读,我们可以看到,与作业相关的五条要求中,前面的两条是针对作业管理的,其中"第4条 健全作业管理机制"针对的是机制管理,与以往相比,增加了一项"建立作业校内公示制度"的要求;"第5条 分类明确作业总量",明确的是作业时间的总量控制,这也是前期文件要求的进一步强调。第6条至第8条,在"提高作业设计质量""加强作业完成指导"与"科学利用课余时间"等具体内容的要求上,则是很明确地提出了关于作业设计与管理的研究。由此,我们可以就作业管理的整体实践提出相应的研究课题。

选题1:"双减"背景下的学校作业管理"规范-创新"实践路径研究

此研究是基于"双减"文件中关于通过作业管理来减轻学生过重学业负担的要求而进行的整体改革与文件精神落地的选题,涉及的研究内容是"作业管理"。核心研究点"规范-创新"中的"规范",主要是指作业管理的规范,即需要通过外在显性层面的"量"上要求,还需要考虑内在隐性层面顺应各个不同年龄阶段的学生认知规律的特点;"创新"则是指可以在实施过程中,结合学校特色与学习内容的特点,于规则范围内进行作业形式、作业内容与作业评价等层面的个性化处理,形成更具学校特色的作业设计与使用经验,探索更具实效的作业管理策略路径。

当然,在"双减"文件深度解读与领会基础上,我们还可以提出类似于"'双减'背景下学校作业管理机制实践研究""'双减'背景下学校作业创新设计与应用研究"等相对中观的作业管理整体实践的研究课题,在实践层面探索形成更多的"双减"背景下"作业设计与管理"的校本实践案例。

二、基于作业功能价值思辨的选题

作业是什么?通俗地讲,作业就是学生为了掌握学习内容、巩固学习成果而进行的练习。"作业是课堂的延续,是学生掌握课堂教学的内容、巩固已学习的成果,并将知识转化为技能的重要工作。"① 而在"双减"文件中,在第6条关于作业设计质量中提出,"发挥作业诊断、巩固、学情分析等功能,将作业设计纳入教研体系,系统设计符合年龄特点和学习规律、体现素质教育导向的基础性作业"。已经将作业的功能进行具化与扩展,作业除了以往传统认为的巩固功能之外,其承载着的评价与延学功能也为越来越多的教师所认同与接受。于是,以下的研究选题也应该属于值得一线教师深度研究与探索的课题。

选题2:评价先行理念下的学科作业设计与应用研究

评价是作业的首要功能,却也是容易被教师忽略的。事实上,作业的结果首先反映的是学生对相关知识是否理解,有没有存在问题。如若存在着问题,又属于是哪方面的问题——是概念理解层面的,是思考过程中的,还是思维品质方面的? 从深层次上来看,作业应该"是检测教学效果的基本手段"。作业更多是为教师发现学生学习过程中的问题,反思自己的教学,以及设计有针对性的指导策略而设计,并要求学生完成。因此,研究作业的评价功能,是作业研究的重要选题之一。此研究选题的最大价值在于改变教师对作业功能的理解,因为"评价先行的理念",会让教师在作业设计中思考作业前的目标定位与作业后的评定分析,可以最大限度地改变教师的作业设计理念,改进传统的作业设计与应用路径。

选题3:基于学科作业设计的学生课后延学路径探索研究

延学也就是延伸学习,这也是作业"学习意义"的充分体现。我们说,高质量的作业并不只是课内所学知识技能的简单重复,而是在依托课内所学知识技能基础上的延学与拓学。比如一些实践性作业,一些需要应用本学科知识以外的知识来解决问题的作业等。这样的作业,在课改深入推进的过程

---

① 孙绵涛.教育管理原理[M].广州:广东高等教育出版社,1999:246.

中，显得更有意义与价值，因此也为越来越多的一线教师接受并实践。与上一选题相类似，此研究选题的意义，更多还是在于逼迫教师转变对作业价值的传统理解，突破作业功能的固有认知，深刻把握"学生作业的过程也是进一步学习的过程"的理念。当然，此选题研究中基于作业的"课后延学"如何实施是核心内容，需要作深度的思考与可行性设计。

关于作业功能深度理解基础上的研究选题，需要教师打破传统作业观，建立起新课程理念下的作业观，从而改变以往作业的单一功能，实现"作业即学习"的观念定位。

三、基于作业设计策略思考的选题

事实上，在"双减"文件出台以后，关于作业设计策略的思考与研究已经成为教师探索作业管理策略与改进作业设计的重点研究内容。从文件中，也能看到具体的一些要求："鼓励布置分层、弹性和个性化作业，坚决克服机械、无效作业，杜绝重复性、惩罚性作业。"这是文件第6条中的内容要求。显然，这些文件内容也是一线教师进行作业实践研究的很好选题。

选题4：基于单元整体教学的小学学科整组作业设计策略研究

此选题中包含着两个关键研究点：一是单元整体教学，二是整组作业设计。其中，单元整体教学是关注了教师"教"的设计，整组作业设计则指向于学后的作业设计。单元整体教学的研究是系统思维下的单元重组实践的基本路径，是针对以往教学中过多重复性内容与同水平教学的问题提出的；而整组作业设计是基于单元整体教学基础上的配套跟进，是助力于单元整体教学质量提升的重要内容之一。在"减负"背景下，小学学科单元整体教学与整组作业设计，分别是从"教"与"学"两个维度，尝试改变以往小学学科教学中过于尊重教材，遵循知识的逻辑体系，而缺少对学情深度了解，造成教学与作业的针对性不强，学习主动性无法真正归于学生的问题，以"学为中心"的理念为依托，促使教师将小学学科的单元整体教学与作业设计联系起来思考与实践，探索有助于减轻学生过重学业负担的策略路径。事实上，这也是"双减"文件的提出所想解决的一个重要问题。

选题 5：基础性作业的"评—改—练"三段设计与实践研究

此选题中的"评—改—练"，是指教师的批改、学生的订正与及时跟进的针对性练习。如果说上一课题研究的选题是纯粹着眼于作业内容设计的应用的话，那么本课题研究则是融合了作业评价的研究内容。关于作业的评价，也是一个需要教师做深入研究的问题。如何进行有针对性的作业评价？如何通过评价，在了解学生学习状况的基础上，给予学生自主思考与自我调整的指导？如何丰富作业质量评定的方式，使作业评价真正能够起到激发学生作业兴趣，保持良好的作业习惯的作用？本选题主要是针对现实教学中"教师在进行作业评价时普遍与学生学习改进脱节"的问题提出的，旨在探索"评—改—练"三步一体，有效结合评价后的数据分析，及时跟进针对性的练习，从而将学习诊断与及时改进结合起来，帮助学生更好地掌握知识，发展技能，形成良好的作业习惯。

选题 6：项目化学习理念下的学科长作业设计与应用研究

从本研究选题的研究内容来看，有着作业内容与形式创新的意味。我们知道，项目化学习是现阶段学习方式研究中的一个热词，是一种可以较好地体现学习素养的学习活动。从项目化学习的一般定义来看，项目化学习是一种在一段时间内对某一个驱动性问题进行深入持续的探索，并且在过程中需要调动所有知识、能力、品质等创造性地解决问题，并能形成对核心知识和学习历程的深刻理解的学习。[①] 本研究选题以项目化学习理念为指导，设计学科长时作业，既需要对学科作业内容与形式进行深入思考，更需要充分理解项目化学习与学科长时作业的关系，在改进传统作业单一形式的同时，抓

---

① 夏雪梅.项目化学习设计：学习素养视角下的国际与本土实践[M].北京：教育科学出版社，2018：10.

住学科长时作业的"长时"特征,以完成项目学习来完成相关作业,从而使"双减"背景下的学科作业更能体现"学习"的特点与发展学生素养的本质。

四、基于作业应用问题解决的选题

"双减"文件的第 7 条中,特别强调了"作业完成指导",特别强调了"教师要指导小学生在校内基本完成书面作业"。"教师要认真批改作业,及时做好反馈,加强面批讲解,认真分析学情,做好答疑辅导。"由此,我们需要去思考,原有作业包括课本习题与配套的《课堂作业本》习题,在作为作业布置时,需要在内容与应用上进行怎样的调整呢?学生出错频率较高的知识内容又该进行怎样的补救与指导?而关于这些问题,也应该成为一线教师进行课题研究的有价值的研究选题。

选题 7:理解·改造·巧用:学科配套《课堂作业本》的应用研究

自"双减"文件出台以来,以上选题是我一直推荐给教师去做课题的研究选题。理由有三:一是"双减"文件的一个重要内容是"减轻学生过重的学业负担",在作业要求上,"坚决克服机械、无效作业,杜绝重复性、惩罚性作业",事实上,作业本上的习题与教材上的练习题,很多情况下是重复的,这便是需要教师做到充分理解基础上有一定的取舍,进行调整;二是需要减少学生课后作业的时间,学科《课堂作业本》上的作业,也需要调整一部分到课内完成;三是在高质量的课堂教学中,针对性练习设计也是一件有价值的事情,《课堂作业本》上的习题,很多是极佳的课堂练习作业材料。当然,要将《课堂作业本》在课堂教学中更好地应用,需要对教学目标与作业本习题进行深度解读,充分理解。此选题中的"理解、改造、巧用",既是高质量应用的三个关键动作,同时也是有着前后逻辑关系的应用路径。

选题 8:收集·自探·共研:小学生典型问题专项练习课探索研究

本研究选题中的"典型问题"是指学生作业中的高频错题。一般而言,由于某个知识点相对较难，或者某些内容的思维要求比较高，活动经验的积累需要足够支撑其解答相关问题，会造成学生在作业中出现错误的频率比较高。因为"双减"背景下，强调"量"的减少，注重"质"的提升。实践中，需要教师更加注重作业的针对性和效度，关注学生的错误，把握典型问题，在收集与明晰基础上，适时进行针对性的集中指导。以上研究选题中，三个关键词同样具有研究策略的意义，同时也是构建"典型问题专项练习课"基本教学模型的重要抓手。"收集"指向于材料的把握与数据的分析；"自探"着眼于学生自主研究与再探索的过程，即当采用专项练习的形式进行相关典型问题的再探索时，同样需要给学生自主研究的机会，以便更准确地把握学生的问题所在；"共研"则是指问题探讨、问题解决以及策略方法的总结与提炼的过程，这期间需要有生生间的互动、师生间的互动，甚至有课堂外资源的应用。由此可见，在"双减"背景下，对于典型问题的专项指导与练习课设计，是助力学生问题解决中不可或缺的一种实践活动之一，值得教师进行深入研究与探索。

以上就"双减"文件出台后，教师如何基于"双减"的要求选取相关的课题研究点，以保证文件精神的扎实落地，实现文件提出的工作目标。事实上，这样的思考与分析问题基础上的教育科研选题，同样适用于比如"小学综合评价改革"的相关文件出台的实践落实，适用于接下来的"2022年版课程标准"执行后的各学科的教育实践行动的研究。

思考与练习 2

从"阅读材料二"中我们去细细体会，围绕"热点"的教育教学研究选题，切入口不需要太大。一般可以聚焦在某个点上，以点带面进行实践研究，在此基础上深度学习，体会文件精神。"阅读材料二"也引发我们去思考：

（1）如何看待以研究的方式落实"文件精神"？这样"做"的意义何在？

（2）"文件精神"与现实之间存在着一定的差异，造成这些差异的原因是什么？

练习：

请认真研读"2022 年版课程方案"或相关学科的"2022 年版课程标准"，然后思考：

（1）"2022 年版课程方案"或"2022 年版课程标准"与前一稿相比，哪些内容发生了变化？变化内容中，哪个内容的变化是相对比较大的？

（2）学习后，你感觉"2022 年版课程标准"中的哪些内容与你近阶段教学实践联系比较密切，或需要尽快熟悉的？

（3）请选择某个主题，尝试制订一份深度研究计划，并在实践中做真实的教学研究。

类型篇

与高校研究生、教授们的论文写作相比，教师写作的论文虽然在理论创新性、研究方法的选择与应用等方面存在着一定的短板，且重实践经验的总结提炼，弱理论推演的逻辑，但与一线的教育教学实践联系极为密切，材料几乎都属于一手资源，时常采用案例、叙事式的表达方式，故而会在鲜活、生动上有着自身的特点，在写作形式上也会更加丰富多样。综合近几年来杂志发表的文章形式来看，适合于教师的论文写作，可以有课例类、经验类、思辨类、报告类等类型。以下就分几节课来加以阐述与说明，供老师们写作时参考。

第 5 课 课例类论文

一、什么是课例类论文

课例研究即是以课堂教学中的"典型事件与经验"为研究对象的案例研究。"与教育研究中的定量研究相比,以质性研究为主的案例研究具有非数字化特征。"[①]课例研究自上个世纪八九十年代开始为一线教师所关注,并加以实践。课例类论文即是指以课例研究为基础的,聚焦于某个主题的论文写作形式。经过 30 多年的实践推进后,课例类论文已经成为教师最为常用的论文写作形式。我们随手翻看一本学科教学类杂志的目录,总能够找到几篇课例类论文。

比如《江苏教育》2023 年 3 月的"中学教学"版杂志,其目录中有 5 篇典型的课例类论文。现摘录如下:

基于学科拓展的跨学科主题学习的活动设计——以初中科学"物体的运动"为例

评价先行,逆向设计——以统编高中语文教材必修上第四单元教学设计为例

"画板"作支架 思维可视化——以"二次函数的最值问题再研究"为例

---

① 顾泠沅,易凌峰,聂必凯. 寻找中间地带[M]. 上海:上海教育出版社,2003:313.

谈谈高中英语阅读课的优化设计——两节同课异构课引发的思考

在语文"生·动"课堂中提升学习力——以《心有一团火，温暖众人心》教学为例

说以上论文属于典型的课例类论文，其副标题已经清楚地表达了文章聚焦某个点展开论证时，是基于哪节课的教学为例的。事实上，除却这几篇外，还有些文章虽然没用副标题来说明以哪节课为例，但在实际行文中是以一节课或几节典型课来分析的。比如《"五学"课堂教学范式下的高中语文教学》一文，阐述观点时是以"子路、曾皙、冉有、公西华侍坐"为例的；《"五学"课堂教学范式下的高中物理教学》一文，则是以"万有引力定律"的教学为例的。以这本杂志所发文章共21篇（字数在2000字以上）来计算，课例类论文占比为30%。这样的占比，也已经成为学科教学类杂志发文的常态。

二、课例类论文的特点及其写作意义

写作课例类论文之所以为教师们接受，甚至喜欢，究其原因，与其针对课堂教学实践，或思考分析问题，或总结提炼成功经验，抑或指导教学改进等因素相关。课堂教学毕竟是教师最为重要的实践阵地，上好课、引导学生更好地学习也是教师最为基本而又重要的工作。对课堂教学进行剖析，分析教学得失，探索解决问题的策略，形成自身实践经验，均可以通过教学写作实现。

课例类论文有什么鲜明的特点呢？

1. 以"课"为例

这也是课例类论文最基本的特点。从前文提供的杂志上课例类论文的题目可以看到，课例类论文一般可以加上"以'××'一课的教学为例"这样的副标题。这也是课例类论文的显性标志。当然，这里的课，有时是一节课，比如《在语文"生·动"课堂中提升学习力——以〈心有一团火，温暖众人心〉教学为例》；有时可以是几节课，如《谈谈高中英语阅读课的优化

设计——两节同课异构课引发的思考》；有些甚至是一个单元，如《评价先行，逆向设计——以统编高中语文教材必修上第四单元教学设计为例》。

无论是从观点出发的解构与分析，还是以课堂实践中的特色亮点出发架构文本，借助"某节（或某类）课"中的典型素材来分析、解释文章的核心观点，都是课例类论文最基本的写作思路。

2. 突显"用"意

因为教师的主要工作在课堂，对于在课堂实践中产生的问题也更为熟悉，更加关注。因此，相对来说，结合课堂实践来阐明观点，分析问题，也是教师最能够接受的方式。由此，我们会深切地体会到，课例类论文还有一个典型的特点是：突显"用"意，即实践味比较强，有一种拿来即能用的感觉。

以《教学月刊·小学版（综合）》2021年第4期上的一篇题为《重三"点"把关　促概念建构——以〈声音是怎样传播的〉一课为例》[①]的课例类论文为例稍作展开。

文章的写作缘起是对科学概念教学的思考。概念建构是小学科学课堂教学的重难点，有效建构不易，于是以《声音是怎样传播的》为例，谈教学策略——从三点入手，帮助学生建构科学概念：

一、找准教学起点，实施精准教学

二、搭建学习支架，直击教学难点

三、借助探究实验，打通思维堵点

"找起点""搭支架""通思维"，不正是科学课堂教学中的基本策略吗？若能把这几件事情想清楚，做扎实，上好一节课不就有基础了吗？当然，文章并没有仅仅停留在这个层面，对这三个方面还有更深入的说明：在"找支点"中，谈到了"找准知识起点"和"找准经验起点"；"搭支架"时，谈了

---

① 任忠华，朱佳劼. 重三"点"把关　促概念建构——以《声音是怎样传播的》一课为例 [J]. 教学月刊·小学版（综合），2021（4）：41-43.

搭建"材料支架""问题支架"与"模型支架";"通思维"处,又讲了"验证猜想"与"深悟原理"等。并且在具体展开时,正是结合的课堂教学实践来讲的。

我们说,这样的文章若往小里说,有教师读了便可以基于此设计组织教学,这对于一些新手教师来说是很好的学习材料;往大里说,便可以引导教师将这些思考、设计、组织教学的策略迁移至其他相关概念的教学中。我们说,这篇文章典型地体现了课例类论文实用性强的特点,也充分体现了课例类论文的写作意义。

三、课例类论文的写作样式

课例类论文因其源于对"课"的研究,植根于课堂教学的探索与思考,故而在写作样式上,丰富、多元、灵活、多样。一课一思、一课多研、多课聚焦等,都可以是课例类论文写作的基本样式。接下来就结合一些实例作简要说明。

样式1:一课一思

简单来说,一课一思即为由上一节课而产生的思考与提炼。当然,这里的思考并不一定是针对整节课的,可能只是课中的某个环节,或者某个活动,甚至是某句话,等等。因为教师对于课堂教学实践的体验最为直接,对课堂教学产生的问题有着迫切解决的愿望,所以也会有更多的思考、实践与效果的感受。因而,在教师的论文写作中,一课一思的课例类论文写作也较为常见。前文谈到的"以《声音是怎样传播的》一课为例"来谈"概念教学"的文章便是比较典型的一课一思式的论文。

当然,《重三"点"把关 促概念建构——以〈声音是怎样传播的〉一课为例》作为课例类论文,其写作的源起是基于科学概念的"建构教学",然后以《声音是怎样传播的》一课为例进行了设计与探索,形成策略路径。我们说,这样的一课一思式的论文写作是有设计的,因此,在文章的开头部分就概念建构教学存在的问题作了一定的剖析，然后再以课例实践呈现整体的设计思路。

一课一思的写作，还可以是没有预设，完全是由于受实践启发而进行的思考与提炼。有时是针对自己的课，有时也可以针对别人的课。

比如，发表在《小学数学教师》2007年第7、8合期上的《回归本源，为学生的数学理解找到支点——"连除的简便计算"教学实践与思考》一文，是在执教了大市级观摩课之后写作的。文章的核心议题"小学阶段'运算律（性质）'内容的学习，能否突破以往引导学生用不完全归纳法学习的模式，探索以意义理解为路径的创新教学路径"，并不是一开始就很清晰的，而是在课堂实践效果颇好，为教师们普遍认同的基础上，挖掘写作主题时明晰的。

又如，发表在《教学月刊·小学版（数学）》2015年第7、8合期上的论文《"编"中"理"，"用"中"构"——"9的乘法口诀"教学设计与思考》，则是在听了一位教师执教了"9的乘法口诀"后产生的写作冲动。此文思考的核心点是：虽然口诀学习并不只是记忆，更重要的还是需要在理解基础上的应用。但对于已经学习了"8"之前这么多的口诀之后，对于"9的乘法口诀"的学习路径是否可以创新？于是便有了"编"和"用"在前，理解和建构在后的设计思路。

无论是"思"自己实践的课中的问题或主题，还是"思"听了别人的课后的亮点或问题，一课一思的论文写作，更多体现的是"一课一得"，因为写作最终都在为获取实践经验服务。

样式2：一课多研

一课多研的课例类论文，一般产生于教学研讨活动之后。教师对于教学研讨活动一般都会经历"设计—试教—调整—再教"等多次研讨的实践体验。而这种围绕某课进行多次研讨，也是生成高质量论文的基本条件。我们说，教学研讨一般都是有相对聚焦的主题，而且参与研讨的教师相对较多，时常会产生观点碰撞，对主题的思考及教学策略的设计更有深度与创新性。

若能将这些研究成果总结成文字，一般会给人更多的启发。

一课多研的论文写作，也有两种不同的模式：一是基于某节课的纵向式研讨改进过程的呈现，二是基于某节课的横向不同设计或者相同设计不同演绎的对比呈现。前者更多见于日常教学研讨，后者就是我们通常所讲的"同课异构"或"同课同构"教学研讨。如王芳老师发表在《教学月刊·小学版（语文）》2023年第4期上的《让采访更有"理" 让交往更有"情"——五年级下册〈走进他们的童年岁月〉磨课思考》一文，正是以五年级下册的口语交际课《走进他们的童年岁月》的两次磨课的实践经历写成的。文章基于口语交际的"情""理"交融的问题进行了实践研讨。初次教学时，"出现条理欠缺、情感疏离的现象"，在思考了问题产生原因之后，进行了改进，再次实践，并与前次进行了学习效果的对比。

当然，这篇文章只是对两次教学实践研究的过程作了梳理与提炼。实际上，一课多研还有将三次甚至更多次的研修历程提炼成文的。与一课一思的课例类论文相比，一课多研的课例类论文，主题可以着眼于"课"的内容设计与策略改进，还可以通过研修指向于教师专业成长选题、立意。如我发表于《小学数学教育》上的《磨课，经验基础上的调整与创新》一文，谈的便是一课多研的磨课经历对专业发展的助力作用。而人民教育出版社出版的斯苗儿老师的《好课多磨：斯苗儿"现场改课"理念与实践》一书，更是集中展现了一课多研后教师专业写作的诸多例子。

样式3：多课聚焦

多课聚焦是以某个议题贯穿，对一些"课"进行整体上的分析与解读的课例类论文写作。多课聚焦样式中的"多课"，指的是素材来源，一般会是一类课，或有着能够体现同一主题的内容点的课；而其中的"焦"则是文章的核心议题，即主题，"聚焦"即指向某个主题。

多课聚焦的论文写作的典型特点是体现了写作者的"类"的思维。这种思维起点当然可以不同，既可以从某个主题出发去收集相应的"课"（即内容），进行实践后的总结提炼；也可以从多节相近内容的课的教学实践中，发现共同点、联系点甚至是不同点，经思辨、分析后进行的写作。

比如，一位小学语文教师想要围绕小学中新增的文言文的内容作"文言文教学与学生文化涵育的研究"主题研讨，探索结合文言文教学中涵养文化的策略，那么便需要对出现在小学语文教材中的所有文言文进行深度解读，需要对这些文章的出处、写作背景以及体现的核心思想、文化理念等作整体分析，当然最好还能有相应的教学实践，在此基础上找出典型"课"，形成一些一般性的策略方法，作为总结提炼时的素材。此种思维切入的方式，在如今"2022年版课程方案"与各学科"2022年版课程标准"启用阶段，对学科核心素养的学习与落实更为实用。比如"跨学科主题学习""课程综合化""教学评一致性"，再到课程内容的"结构化整合"。确定任何一个主题后，均可选择相应的典型课例进行实践探索，在此基础上总结提炼，均可写成典型的多课聚焦的课例类论文。

多课聚焦的另一种思维切入方式，更多体现在同一内容或相近内容出现在不同学段时，其学习目标定位、内容取舍定位以及教学策略方法间的联系与区别的分析和思考。如《体育与健康》教学中的关于"抛、接"的内容，在水平一阶段，作为"基本运动技能"的内容，属于"操控性技能"范畴；从水平二开始，作为"体能"的"发展协调性"的内容范畴，水平二、水平三中强调"手眼协调练习"；水平四则是结合基本原理的理解去学习"投掷、抛接"。显然，在不同学段，内容类似，目标定位不同，所需要的教学组织也不尽相同，于是相应的实践经验便有必要总结与提炼，课例类论文写作也就有了可能。

同样的思考，也可以在"艺术类"的课程中应用。如关于"演唱"，第一学段强调参与，积累经验；第二学段提出"自信、自然地演唱"，"表达自己独特的感受和想法"；第三学段则是"展现个性化的理解和创意"。于是，对于不同学段的"演唱"内容的教学也就有了不同的策略和方法值得探索与研究，若能结合具体的课堂教学实践总结相关经验，课例类论文也便应运而生了。当然，多课聚焦课例类论文写作也时常作为系列研课的总结提炼方式。

四、课例类论文的写作要点

1. 主题选择：关注现实性

课例类论文写作以"课"为研究对象进行思考、实践、总结与提炼，同样需要在写作时有主题，尽可能聚焦。因为是针对课的研究，所以更需要关注主题的现实性，体现当下课堂教学的重难点。如现阶段"2022年版课程方案"与各学科"2022年版课程标准"相关理念的落实，"综合评价"的理念如何在课堂教学中体现，等等。

另外，从时代发展来看，对学习的研究已经成为重中之重。"学为中心"的课堂，对学生"学"的定位更加突出，教师"引导者、合作者、组织者"的角色已然放大。无论是课程方案，还是学科课程标准，在内容的确定上，学科核心素养的表现上，均需要基于学生的"学"去思考、实践。因此，关注学生的"学"的研究，也是现阶段最为现实的主题。课例研究、课例类论文写作更需要突出这样的主题。

2. 内容解读：把握整体性

课例类论文写作，因为聚焦的是"课"，因此，解读"课"的内容，思考教学定位是写作论文时绕不过去的。当然，解读时需要从整体出发去分析、思考，这样对知识内容的本质把握更为准确。

内容解读时需要把握的整体性，一般表现在两个层面：一是知识体系层面，二是学习经验层面。

先谈知识体系层面，需要将知识点放在体系中去解读、分析，便于从源头上理解知识内容的本质，特别是一些结构性较强的学科，更需要厘清知识的来龙去脉，把握知识学习的"一致性"。比如小学数学学科中关于"小数"的解读，需要对"小数"的产生缘由有所了解，才能在教学"小数"这节内容时，遵循"数的发生发展规律"来设计导学过程。

再来看学习经验层面，需要关注孩子在不同年龄阶段对某些知识内容的认知基础，小学学科中时常强调的学生的"前概念"，便是学习经验分析的典型体现。其实，学生的学习经验也会有两种表现：一是生活经验，二是学习活动经验。这些因素都会在"课"的内容学习中，影响学生的学习效果。

有了对"课"的内容的整体性把握，教师在"课"的教学实践中的策略创新才是有意义的，所总结提炼的经验也具有可推广的价值。当然，在写作时，对于整体性的理解不一定作为板块安排在文章中，这里强调的是总结提炼时文字表达上，需要有整体性的考虑与体现。

3. 策略路径：突出创新性

在保证一篇文章的基本结构符合逻辑，语言文字顺畅能懂的基础上，"有新意"也是文章高质量的重要因素之一。研究的目的在于解决问题的同时，还需要在策略方法层面有所创新。课例类论文写作也需要有"追求新意"的要求。保证一篇课例类论文的新意，一般需要在两个方面下功夫。

首先，在"课"的设计上追求新意。这也是课例写作时能够体现出新意的基础。一般来说，实践没有创新，提炼成文字也很难有新意。如今，"课"的设计上追求创新的基本途径就是将新的课程理念纳入到课堂教学中来，丰富学习资源，拓展学习路径，让课堂教学真正成为学生素养发展的主阵地。比如，小学数学中的"年、月、日""时、分、秒"的内容，原教材安排在"数与代数"领域中，作为基础知识学习。《义务教育数学课程标准（2022年版）》则将其安排在"综合与实践"领域，作为"主题活动"来定位。这个时候，我们的教学如何打破原来的设计思路，应用新的教学设计来组织教学？这便是"课"的设计创新的切入口。

其次，在文本表达上看出"课"的新意。有时候教学实践有一定的新意，但在写作的文本上感受不到新意，那么同样也会降低文章的价值。当然，写作时突出新意的方式有三种。

第一，通过题目表达新意。比如前文谈到的《基于学科拓展的跨学科主题学习的活动设计——以初中科学"物体的运动"为例》一文，其探讨的主题是学科拓展的"跨学科主题学习"，本身便是一个体现"2022年版课程方案"理念的有新意的主题。这也是最直接的表达创意的方式。

第二，通过引言表明新意。引言即文章写作的缘起。这种表达方式一般需要分析原有教学过程中的问题，围绕问题解决提出有创意的解决策略。

第三，通过策略显示新意。对于一线教师来说，实践创新才是真正将创新进行到底的体现。如前文谈到的小学科学"概念建构"的论文，其三条路径分开来看，似乎并无新意，但作为一个整体实施时，却有了新的意义。这也是文本表达中经常采用的方式。

4. 效果分析：体现实证性

对于教师来说，论文写作中的实证性应该体现在两个层面：一是实践味，二是实效性。实践味指的是这篇文章具有很强的实践操作性，能够为其他教师提供即学即用的可能性。实效性则指的是文章能够结合一定的数据来说明策略实施之后产生的效果。课例类论文写作中的实证性，便可以通过前后测数据的对比来分析教学效果，从而更好地印证"课"的教学效果显著。

事实上，课例类论文写作中，前后测、微调研，是课例研究的重要手段。在写作时，对前后测数据进行分析、解读，也是文章重要的内容板块。如发表于《小学教学设计（数学版）》2012年第8期的《运算法则需要"立体"建构——关于〈分数乘分数〉的教学调查及实践思考》一文，引言部分进行了一次调查，分析了学生三道习题的作答情况，并作了归因，然后提出假设，探讨"算法探究"的价值，学生自主探究的可行性分析，接着是教学实施，最后在"再思考"中又对后测数据进行了解读与分析。整篇文章结构清晰，逻辑严谨，有数据支撑，又有很强的实证性，是一篇极为典型的课例类论文。有兴趣的读者，可阅读全文。

五、由此想开去

课例类论文作为一种论文写作的类型，具有切口小、样式丰富灵活、内容贴合实践、有利于策略方法的及时转化等典型的特点,已经成为教师用来研究更多与教育教学相关内容的成果总结提炼的形式。类似的论文写作还可以推广到其他领域中。比如,可以用于对典型作业分析解读的"作例类"论文写作,可以用于对典型习题进行分析解读的"题例类"论文,当然还可以作为德育活动中对于典型事例进行分析解读的"事例类"论文的写作方式。

论文示例一

体验在场：基于新课标教学建议之法治观念培育策略探微
——以八年级《公平正义的守护》为例*

[摘　要] 2022年版义务教育课程标准的变化之一，就是增强了指导性，不仅针对"内容要求"提出"教学提示"，还在课程实施中给出"教学建议"，强化"怎么教"的具体指导。本文依据道德与法治第四学段教学建议，以八下《公平正义的守护》一课为例，聚焦"体验在场"的核心策略，尝试让身份在场，体验法治角色；让认知在场，体验法治冲突；让践行在场，体验法治选择，最终通过扎实教学过程，培育学生的法治观念。

[关键词] 道德与法治；体验在场；教学建议；法治观念；《公平正义的守护》

《义务教育道德与法治课程标准（2022年版）》（本文以下简称"新版课标"）的变化之一就是增强了指导性，不仅针对"内容要求"提出"学业要求""教学提示"，更是在课程实施之教学建议中给出全面而清晰的指导性意见。如建议注重案例教学，选择、设计和运用个人和社会生活中的典型案例，

---

* 此文获浙江省教育厅教研室组织的2023年度优秀论文评比一等奖，作者为浙江省嘉兴市实验初级中学教育集团张美娟。选入时稍作修改。

鼓励学生探究、讨论，提高学生的价值辨析能力；积极探索议题式、体验式等多种教学方法，引导学生参与体验，促进感悟与建构；采取热点分析、情境体验等方式，引导学生开展自主探究与合作探究，让学生认识社会。

以"新版课标"中的"教学建议"要求来说，法治观念素养的落地需要典型案例的支撑和参与体验等方式作为支架和桥梁。这就要求以素养目标为起点创设相应的教学情境来演绎教学内容，引发学生情感体验的同时，促进学生对所学知识的理解、所需技能的锻炼和所育素养的达成。初中道德与法治教学中，情境案例体验是一种常见的教学手段，但体验的有效度却参差不齐，很多时候体验在场的感受力疲软，尤其是法治观念素养的培育上，容易走向法律宣讲的教条之路。

一、问题扫描：体验在场虚浮不实

所谓在场，是指亲身在事情发生、进行的现场。体验在场，是指加深在模拟现场的感受、体悟。而体验在场的教学，是以情境为背景，以学生为主体，以活动为载体，让学生通过自己的感受去领悟知识，再回归实践的学教模式。初中道德与法治教学中，体验在场是涵育核心素养尤其是法治观念这一核心素养的有效路径。而现实教学中，其不足依然比较明显。在任教的2个班级90名学生中进行问卷调查，法治观念养成学习中存在的主要问题或者障碍主要集中在以下几点。

学生"在法治观念养成学习中的问题"感知强度序列表：

项　　目	人　数
法治情境离生活太远，不太了解	73人
有一定的法治意识，但更多限于认知层面	61人
依赖书本理论，缺乏自己的逻辑思维	45人
理性太强，很难共鸣	37人
其他	24人

以上数据表明,学生在现实学教过程中,体验在场存在的不足主要表现在以下几个方面。

1. 形式在场,法治情境却难以代入

创造一个在场环境,并不一定能真正在场,形式上的在场往往隔离了学生代入现场、代入角色的欲望。在道德与法治教学中,尤其是指向法治观念培育的内容中,老师往往选择具体案例作为情境支架展开教学,但并非所有契合内容的情境一定贴近学情,更不一定能引起学生的代入感。没有接洽学生生活范围、没有契合学生生活经验、没有对接学生生活需求的法治情境往往流于形式,难以推动学生带入真实生活并引发探究欲望。

2. 表象在场,法治意识却缺乏共鸣

情境案例的分析作为引导学生思考、引发高阶思维的主要手段,其作用不言而喻。然而如果思考和谈论的场域过于狭窄、环节过于简单、思考流于表面、讨论指向显性答案的做法就难以激发学生共鸣,尤其是法律板块的教学中,封闭式的交流和讨论暴露了"教为中心"的本质和"知识至上"的教学固化,容易走向法律知识的宣讲,导致学生缺失思维碰撞的机会、缺乏践行意识、缺少情感的升华。

3. 话题在场,法治思维却浸入不足

初中生的法治观念的生长点,依然来源于生活,尤其是身边事物的经历和体验,是法治观念培育的土壤。具有强烈地域性、高度成人化、久远时代性、明显虚构性的"话题"往往会导致学生远距离在场观望,隔岸观火的感觉使他们好似在观看别人的事情,讨论机械的话题、得出现成的结论,既无法碰撞出思维的火花,更无法锻炼和培育学生高级思维,情感浅层触碰无法浸入式体悟。

二、策略画像：体验在场多维进入

解决体验在场虚浮不实的问题，是目前道德与法治尤其第四学段（7—9年级）课堂教学需要解决的问题。本学段学生独立思考能力和判断能力进一步增强，但感性认知的成分依然大于理性分析，尤其对法治观念的理解易流于刻板、实践易流于形式，而通过增强体验、强化在场感的方式可以有效实现"知行意行"的课堂目标，从而有利于法治观念这一核心素养的培育。以八年级《公平正义的守护》一课为例，通过三种不同的体验形式，帮助和引导学生全身心进入学习过程，体现"真学、深学"的生本课堂特征。

1. 体验法治角色——身份在场寻代入

"与其说是我扮演这些角色，不如说是这些角色回馈了我一些生命的观察和体验"，电视剧的经典台词道出了角色体验的魅力和意义所在。角色代入体验是一种有效的学习方式，学生能够将自我身份带入到具体场景中，以身临其境的方式参与其中，将具体场景中的角色自然投射到自身，辐射到自身家庭、学校、社会等多种场景。在法治观念的培育中，更应当选择合适的情境、场景引导学生进行角色投射，贴近学生的生活阅历、生活经验、生活体会，从容地进行在场体验，拉近生本距离，提高分析和解决问题的意愿和能力。

《公平正义的守护》一课中，以郑州"电梯吸烟劝阻猝死案"为情境载体，以电梯吸烟者和劝阻者两位的纠纷和后续发展为线索，引发学生结合自身生活经验，自动地带入"劝阻者"的身份，继而对"正义话题"进行真实而深度的卷入探讨。而由这一点辐射开去，热议学生生活中各个场域的非正义行为以及面对非正义行为的做法，引导学生认识正义的价值和如何守护正义，最终将"守护正义"落实在行动上而促进法治观念的培育。

通过体验法治角色，学生在以下印记（见下页图）中接洽了自己的生活，并能真实地寻找身份代入点，激发学生自觉自愿投入真实学习、卷入深度思考、深入持续探究。

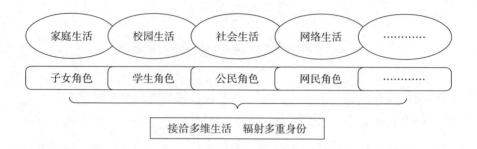

2. 体验法治冲突——认知在场激共鸣

什么状态下的认知会更深刻、更具有启发性和共鸣感？威金斯在《追求理解的教学设计》一书中提倡通过体验来探索，尤其是"通过精心设计的体验、对体验的反思……理解得以发展"①。所以，初中道德与法治学科法治观念的落地，需要认识到平铺直叙的宣讲很难实现真实学习和深度理解，更妄谈知行合一。学生的认知停留在纸面上，导致学过之后停留在浅层的法律知识的接触，过后就忘、运用则混、实践即弱，背离培育核心素养的课标要求。从认知落实角度来看，从冲突中思考、辩论，碰撞思维火花，有利于认知的深化、理解的强化、践行的内化。

《公平正义的守护》一课中，以开放性的议题推进每个环节的学习活动，"电梯抽烟——管，还是不管"，在两种意见的争辩中理解正义的价值，以及辐射现实生活中的非正义行为，从而学会在实际生活中守护正义；"意外突发——赔，还是不赔"，学生争议激烈，围绕道义和公平展开深度探究，最终厘清了公平的价值，学会如何坚守公平，并对法治中国建设中法律与道德、法治与德治的关系有了深刻的认知与共鸣。

议题如下：

自主思考：

（1）电梯里有人抽烟，你管，还是不管？说说你的理由。

---

① 格兰特·威金斯，杰伊·麦克泰格.追求理解的教学设计[M].上海：华东师范大学出版社，2017：232.

（2）如果你选择管，你具体打算怎么"管"呢？

（3）任选生活中的一种非正义现象，从个人角度分析怎样"管"才更有效？

合作学习要求：

（1）你觉得一审判决公不公平？简单说明理由。

（2）如果你是杨先生，你赔不赔？如果不赔，你会怎么办？

（3）法律界人士援引法律条文、一审的改判，说明保障公平还需要什么力量？

开放性的议题设置，跳脱了封闭学习带来的共鸣缺乏，成就思考的深入和探究的真实，真正为分析和解决现实问题而学习，从充分认知入手到深度理解，化解了法治观念内涵的理论化难度。学生在经历了法治冲突后，其认知会在体验和体验反思后进行调整和重构，从而重塑法治观念，指导现实生活，发展法治素养。

3. 体验法治选择——践行在场求沉浸

"新版课标"在"教学建议"中，提倡丰富学生实践体验，促进知行合一。注重案例教学，选择、设计和运用个人和社会生活中的典型实例，鼓励学生探究、讨论，提高学生价值辨析能力。在法治观念的培育中，引导学生在真实情境下进行理性选择，学生在课堂的具体场景中浸入其中、理性辨析、恰当选择，为现实生活中的践行打下坚实的基础，从而达成道德与法治教学知行合一的目的。

在《公平正义的守护》一课中，以"电梯吸烟劝阻猝死案"为线索，同时接洽学生的多维生活场景，如校园生活、家庭生活、社会生活等，围绕公平和正义，在不同的场域面对不同的情境进行恰当的选择。在学习活动中，类似的设置如"电梯里有人抽烟，你管，还是不管？说说你的理由""任选生活中的一种非正义现象，从个人角度分析怎样'管'才更有效""如果你是杨先生，你赔不赔？如果不赔，你会怎么办"，在法治选择中充分体现在场感和沉浸感，指明践行方向，直抵践行目的。

给予学生选择的机会，学生才能在法治认知的基础上形成法治意识和法治信仰，并认清法治践行的方向和路径（见下表），学会在现实生活中分析和处理法律问题，从而成为社会主义法治的忠实崇尚者、自觉遵守者、坚定捍卫者。

法治选择的契机	法治践行的方向
面对非正义行为的态度	个人守护正义需要勇气和智慧，既要见义勇为，更要见义智为。
面对不公平事件的处理	个人遇到不公平的行为，要坚守原则立场，敢于对不公平说"不"，采取合理合法的方式和手段，谋求最大限度的公平。
面对非公正现象，个人不能及的依靠	制度保障公平，司法捍卫正义。

三、价值启真：体验在场素养导向

1. 评价效果，法治观念的落地于实

作为道德与法治核心素养之一的法治观念，其培育的问题载体是法律语言，而对于初中生来说，法律语言显得静态而不生动，致使体验感不强，呈现虚浮不实的现状。通过多维进入的方式，寻求和体验身份在场、认知在场和践行在场的渐进而全面的在场方式，勾连"法"与学生生活，丰富学生法治生活的认知，增强学生法治表征的体悟，达成法治观念的养成，是课堂预期效果的有效达成，也是核心素养最终扎实落地的有效途径。

从学生课堂反馈来看，一些现场生成性的现象印证法治观念这一核心素养培育的痕迹：全员参与，燃起对"公平与正义"话题的深度探讨欲望；主动辐射，将教材法律语言与现实生活圈密切联系；理性辩驳，深刻认识"法安天下，德润人心"的内在寓意；智慧实践，用学科知识和学科思维解决生活现实问题……核心素养的培育从来不是自上而下的传达，评价效果的关键标准之一就是能否在自下而上体验、感悟中生成、升华，这也是本节课法治

观念培育策略的核心要义。

2. 强化体验，法治观念的内化于心

卢梭曾经说过："一切法律中最重要的法律，既不是刻在大理石上，也不是刻在铜表上，而是铭刻在公民的内心里。"言下之意，法律法规的制定固然重要，但公民是否将法治内化于心，更是衡量一个社会法治化程度的重要标志。青少年处于"拔节孕穗期"，要扣好人生第一粒扣子，在心里种下法治观念的种子并萌芽开花，成为法治中国的参与者、践行者、推动者。

以"新版课标"对法治观念这一核心素养的内涵解读来说，法治观念的培育是要使遵法学法守法用法成为人们的共同追求和自觉行为，那么内化于心就成为素养落实的基础。在初中道德与法治课堂，以体验在场的方式，培育学生法治观念，既是落实课程核心素养的新课标要求，更是着眼于学生长远健康持续发展。将法治观念的核心素养内化于心，真正成为自身适应社会的正确价值观、必备品格和关键能力，这是课堂教学的价值所在。

3. 指导生活，法治观念的外践于行

立足核心素养，制定彰显铸魂育人的教学目标，其知行要求必须明确。以透彻的学理分析回应学生，以彻底的思想理论说服学生，以真理的强大力量引导学生，最终形成学生自己的行为准则并实践于目前和以后的学习、生活、工作，着眼长远未来和长期能力，为学生未来发展提供丰富的营养。

以法治观念这一核心素养来说，借助课堂教学指导学生现在和未来的社会生活，这就需要学生明确解决具体问题的具体路径，如何在形成法治信仰的基础上自觉践行法治要求，真正成为社会主义法治的遵守者和捍卫者。而体验在场的课堂学习，在强化感悟的基础上选择和建构具体法治行为，将素养显形落地，回归"新版课标"强化育人之素养导向。

体验在场，身临其境，学有所用，素养培育。在初中道德与法治课堂，以强化体验、强调在场的方式履行"新版课标"之教学建议要求，让中学思政课的法治教育成为有现实关怀和理性思辨的课堂。

第 6 课　经验类论文

一、什么是经验类论文

经验类论文的完整表达即为经验总结类论文。所谓经验，《辞海》给出了三个含义：①经历；②泛指由实践得来的知识或技能；③哲学名词，通常指感觉经验，即感性认识，是人们在生产活动、科学实验中，通过感觉器官直接对客观事物的表象的认识。这样的解释，其实包含了"经验"的过程性、实践性以及表象性等基本特质。经验类论文也正是指写作者将经历的、由实践得来的知识或技能以及一些感性认识进行总结提炼成结构化了的，且具有一定理性色彩的知识文本。

我们先来看一个例子。

《构建"人有优学、学有优教、教有优师、校有优策"的教育发展态势》[①]是发表于《人民教育》杂志 2022 年第 2 期的"核心议题"中的一篇论文。这期杂志的"核心议题"是"推动共同富裕中的教育担当与作为"，聚焦了浙江省的"共同富裕背景下的创新实践"。此文是浙江省宁波市江北区教育局作为 2019 年 10 月通过了全国义务教育优质均衡发展区评估认定的代表，对区域推进的经验所作的总结。显然，这篇文章是典型的经验总结类论

---

① 浙江省宁波市江北区教育局. 构建"人有优学、学有优教、教有优师、校有优策"的教育发展态势 [J]. 人民教育，2022（2）：21-23.

文。我们对文章的整体框架作一呈现：

引 言

一、落实教育优先发展战略，义务教育实现高标准均衡提升

1. 推进城乡教育投入稳步增长

2. 推进城乡教育资源统筹配置

3. 推进城乡教育机会均等公平

二、创新办学治教机制，优质教育实现高水平互促共进

1. 创新教育绩效评价机制

2. 创新优质资源提升培育机制

3. 创新智慧课堂教学机制

三、践行"五育"并举方针，素质教育实现高质量发展

1. 突出"一校一品"

2. 突出实践教育

3. 突出科技教育

从本文的结构看，"引言"部分用了不到 150 字的篇幅，将文章的主题与写作缘由作了说明，然后分三个部分对"推动共同富裕"背景下区教育局所做的工作进行了总结梳理，充分体现了经验的过程性、实践性与感性特质。

二、经验类论文的特点及其写作意义

将经历或实践得来的知识、技能写成经验类论文时，一般仍会保留其经验的特质，即以事实为基础的结构化表达。具体可表述为以下两个特点。

1. 以事实为基础

经验类论文的基础是基于事实，即对做过的事情的分析、思考、总结、提炼。因此，其写作的基础是实践，有或成功或失败的经历。事实上，对于活跃在基层教育一线的教师、教学管理者来说，丰富的实践是经验总结的最

大资本，也是写作高质量论文的基础。

我们来看发表在《基础教育课程》2020年6月下半月刊上的一篇文章，题目是《以思维碰撞促学习真实发生——初中'展评学习'课堂模式探索》[1]。此文是浙江省嘉兴市实验初级中学教育集团在课改项目"展评学习"课堂模式探索上的经验总结。整篇论文在"引言"与"事例呈现"中，可以让读者真切感受到，"学校在'展评学习'课堂模式上有着丰富的实践探索"这一事实。

"引言"部分，文章写明：学校自2013年起，提出"变讲课为导学"的口号，以"展评学习"模式开启全校课堂教学变革，逐步形成"展评学习"课堂的核心要素和实践策略。文章在分析说明"操作模型及要点"时，又呈现了丰富的实践案例，特别是在阐述"课堂'展评学习'教学中的常见问题改进实用指导"时，以极具现场感的材料，展示了具体的操作方法，真实而又具体。

类似的写作方式，也可以在更大范围的经验类论文中体现出来。比如发表于《全球教育展望》2023年第2期的《从项目到结构：作为典范的德国可持续发展教育》一文，同样以丰富的事实作为基础提炼而成。此文由浙江外国语学院吴卫东教授等几位专家合作撰写，文中有对"德国结构化的可持续发展教育国家行动计划"的解读，有对"德国立法期的可持续发展教育国家报告"的剖析，这些材料都是德国在教师教育发展过程中已经存在的事实。只是，此文因为是对别国教育经验的总结分析，便在最后一部分谈了"趋势"分析与给予的"启示"，更加完整地展现了经验类论文的写作目的，即总结经验是为了更好地做好工作或借鉴经验。

2.结构化表达

之所以称为"论文"，那么基本的逻辑结构还是要有的。因此，写作经

---

[1] 陈振玉.以思维碰撞促学习真实发生——初中"展评学习"课堂模式探索[J].基础教育课程，2020（12）：16-21.

验类论文时，对经历或基于实践的知识、技能的梳理同样需要合乎逻辑的结构化表达。具体表现在两个方面。

一是概念厘清。

这里讲的概念，指的是文章的主题及其核心内容。一篇论文首先需要告诉读者谈的核心议题是什么，其内涵、外延又分别有哪些。这些内容的厘清，有利于读者准确把握文章的基本内容，有助于其理解后续相应的操作策略。比如，前文谈到的《以思维碰撞促学习真实发生——初中"展评学习"课堂模式探索》一文，因其核心议题讲的是"展评学习"课堂模式探索，文章用了"'展评学习'课堂的构成要素"这一板块，对"'展评学习'模式"作了相应的解释："'展评学习'的课堂，'前端学习'是前提，'展评学习'是核心，'整理延展'是检验和提升。一般程序为前端学习、展示评价和整理延展，学习过程包括自学、合作、展评、整理、延展五个基本模块。"而且在概念解释之后，又对五个基本模块分别作了功能的说明。显然，文章有了这一板块的解释之后，读者便清楚了本文所谈的"展评学习"是怎样的，又具有怎样的特点。又因为读者了解了相应环节的功能与意义，对于后文技术层面的展开，更能清楚其目的，并理解相应的内容。

二是条理清晰。

作为经验总结，并不只是讲事情，讲做法。总结的意义在于理出逻辑，方便读者理解，更易于经验的推广、传播。因此，条理清晰也应该是经验类论文结构化表达中所要考虑的问题。这里的条理一般表现为两种逻辑，一是指表达所需的逻辑，二是指事实本身的逻辑。现以朱红伟发表在《上海教育科研》上的《以深度教学重构小学数学课堂样态》一文来看文章的条理。此文从现象透析（即问题呈现）、概念思辨与策略改进三个维度架构了文章的表达逻辑，然后在策略改进部分以"设'境'、构'容'、展'程'、建'系'、重'理'、强'用'"等六个层面的事实（即教学基本流程）逻辑，进行了整体呈现。整篇文章条理特别清晰，在给人以文字之美的同时，也让人收获了对深度教学的"深度"理解。

三、经验类论文的写作样式

经验类论文作为教师常见的论文写作方式,也是有不同的样式的。比如有结合自身实践的经验总结,也有围绕重点事务的工作报告,当然还会有一些规划性质的实施方案等不同的样式。接下来就结合一些实例作简要说明。

样式1:经验总结

大多数教师在写作论文时,虽然或基于问题出发,或围绕主题展开,但在论述时缺少研究设计,也较少引用理论进行解释,更多只是结合自身的实践谈操作要点。因此,广义上讲,大多数教师写作的多数论文均可看成经验类论文。当然,作为经验类论文的写作样式之一的"经验总结"式,我们是从狭义上来定义的,即写作者在对实践问题进行了思考、分析后,结合自身的实践提出了相应的解决问题策略、方法的一种论文写作样式,我们可以看作是"经验总结"。事实上,教师最擅长写作的正是此类文章。随手翻阅一本杂志,许多文章属于"经验总结"样式的论文。

如发表在《教学与管理(小学版)》2020年第11期上的《整体设计小学英语课堂语境的教学策略》[1]一文,就是典型样例。此文在"引言"部分提出问题之后,用"笔者结合教学实践谈三点具体策略"引出了文章的主体部分:"一、延伸文本语境,整体输入新知;二、重构文本语境,提炼主旨提问;三、融合文本信息,形成整体语境。"三个部分的表述均采用了"文本分析"+"教学策略"的结构呈现,都可以看成是教师自身教学实践经验的总结提炼。

《"整本书阅读"学习任务群的长程设计与深度实施》[2]一文是发表在

---

[1] 李娟娟.整体设计小学英语课堂语境的教学策略[J].教学与管理(小学版),2020(11):60-62.

[2] 宋非."整本书阅读"学习任务群的长程设计与深度实施[J].教育研究与评论,2023(5):54-59.

《教育研究与评论》2023年第5期上的一篇"经验总结"式论文,文章主要从两个方面谈了"整本书阅读"学习任务群的设计与实施,即从"短线"走向"长程",从"浅表"走向"深度"。特别是在"深度实施"部分中谈到了"梳理整本书内容,组织话题交流,创设任务情境与编制阅读评价单"等内容,可以清晰地感受到作者实践的扎实,与经验结构化表达的意韵。

以上两篇是从学科教学的角度看教师"经验总结"的写作的。再来看一篇教学管理者对于教学管理经验总结的论文写作。《教学月刊·中学版(教学管理)》2022年第11期刊发了一位县初中历史学科教研员的关于"教师教学力培养"的文章,题为《片区教研助手:农村学科教师教学能力提升的助力器——以初中历史学科的教研为例》。文章谈了片区教研助手的设立、培养与使用等三个方面,很有意义的实践,为区域内培养农村学科教师的教学能力提供了相当好的可借鉴的经验。这也是"经验总结"类论文写作意义的典型体现。

样式2:工作报告

工作报告也叫工作总结报告。有人认为工作总结以事务梳理为主,主题不够鲜明,所以文本的质量相对难以保证。事实上,这是对工作总结狭隘的认识。高质量的工作总结报告,同样具有优秀论文的特质,是值得一线教师学习交流的材料。

工作报告可以分为两类:一是主题工作的报告,二是调研工作的报告。一般而言,主题工作历时较长,会在一段时期内实践,如有些项目性的工作、突击任务性的工作等;而调研工作历时较短,一般只是以天计算,不太会跨年,如教学视导、主题调研等。主题工作报告与调研工作报告有相似性,一般都有相应的主题;但也有区别,最大的区别在于主题工作报告着眼于自身实践的工作总结与提炼,调研工作报告则是结合调研数据对调研对象的工作进行分析、探讨,最后给出相应的建议(或启示)。

《三维十策：区域推进小学生综合评价改革实践》[①]一文是浙江省嘉兴市南湖区承担的"区域推进小学生综合评价改革"实践项目的阶段性工作报告，属于一篇典型的主题工作报告。我们来看看此文的结构：

"三维"指的是行政层面、研训层面与学校层面。"十策"指的是行政层面的"二策"，即"方案引路，整体推进"与"部门联动，统筹兼顾"；研训层面的"五策"，即"分层解构，厘清目标""分项指标，等级评定""研发平台，技术支持""研训一体，培养队伍"与"专题研究，攻坚克难"；学校层面的"三策"，即"校本方案，具化内容""特色明晰，研究范例"与"校际联合，组团攻坚"。

从"三维""十策"的内容来看，它是基于区域整体推进小学生综合评价改革项目实践经验的梳理，有角色的定位与方法的总结，逻辑清晰，结构清楚，利于读者学习与借鉴。

再来看一篇发表在《中小学教师培训》2020年第9期的调研报告，《高中英语教学现状分析与改进策略探究——基于安庆市"省级示范高中精准教学"专题视导（英语学科）的反馈》[②]。从文本结构来看，作者对数据分析进行了相应的处理，呈现方式淡化了报告的外在形式，突出了论文特质，即注重了质性分析与建议。我们来看整体框架：

引言（对调研工作作了说明）

一、高中英语教学现状分析

（一）亮点

1. 教师专业素养达标，运用目标语言授课

2. 借助现代教育技术，辅助英语课堂教学

3. 使用多维教学方法，开展英语课堂教学

---

① 朱新强，费岭峰.三维十策：区域推进小学生综合评价改革实践[J].浙江教育科学，2023（5）：46-49.

② 陈俊.高中英语教学现状分析与改进策略探究——基于安庆市"省级示范高中精准教学"专题视导（英语学科）的反馈[J].中小学教师培训，2020（9）：70-74.

4.聚焦常态课堂，依纲据本复习

（二）问题

1.教学观念滞后，课堂仍现一言堂

2.教学评价稀缺，教学氛围沉闷

3.教学形式固化，深挖掘广拓展有限

4.一书一卷走江湖，辅助手段全无

二、高中英语教学改进策略探究

（一）构建魅力课堂，培养核心素养

（二）研修课程标准，建设校本课程

（三）适应新高考，促高位发展

（四）加强谋划，以优势策略驱动复习

结　语

调研报告的写作与主题工作报告相比，显然有较大区别。调研报告中对于"亮点"与"问题"的聚焦更多些，然后有相应的"对策"或"建议"。当然，以上两份报告均属于区域层面的工作报告。基层教师同样可以写作主题报告或调研报告。只是主题点需要更聚焦，对象性需要更明确罢了。

样式3：方案设计

方案作为一种行动规划的文本，有时候也可以写得有结构化，从而让看方案、用方案的人既能够知道怎么做，还能够知道为什么这么做。对于教师而言，接触到最多的方案应该是教案。事实上，教案正是一种实施教学的方案。有些杂志还专门开设"教学设计"类栏目，经常发表一些优秀教案。当然，杂志发表的教案，除了对教学内容有深度的解读与分析，有对教学目标的定位与说明，有教学过程的设计等，还会将实践过程与设计意图呈现出来，以供阅读的教师更全面、准确地理解本课的设计，为其借鉴应用提供更多的帮助。比如，《教学月刊·小学版（数学）》2023年第5期的"教学设计"栏目刊登的就是一篇关于"圆的认识"的教学实践案例，文章通过"初步表征，唤醒经验""建立联系，探究本质"与"联系生活，内化本质"三个部分，很完整地呈现了"圆的认识"这一内容的教学实践过程。这三个部分，其实就是这节课教学的三个大环节：初步了解、深度探究与巩固拓展。现在许多学科教学类杂志上，类似的教案几乎都有。我们说，这样的方案，同样是承载教师自身经验的载体，一线教师可以尝试去进行类似的教学写作。

方案有时候也会作为工作特色呈现的文本材料，此时就会有经验型论文的特质。现阶段许多学校制定的"五育并举"学校课程育人方案，便是很好的例子。比如《尚学至德，敏行致远——广州市第八十九中学课程实施方案》[1]，其基本框架由"背景与依据、学校课程计划及说明、课程实施与评估建议、保障措施"等四个部分构成，方案中的许多内容值得基层学校学习。如"背景"部分的"学校课程规划 SWOT 分析"、学校"毕业生形象"定位，"课程实施"部分的"课程评价体系"建构等，均有很强的学校特色与推广意义。华东师范大学崔允漷教授的"从学校发展的优良传统中凝练毕业生形象"的点评，中肯而又到位。

四、经验类论文的写作要点

1. 阐述事实基础

事实是经验类论文写作的基础。将事实表达清晰也是提升文章信效度的关键。比如，前文谈到的介绍学校"展评学习"课堂模式探索的文章，因为"学校已经实践了多年"是一个事实，所以对其实践经验有了一种学习了解的冲动；再如，那篇关于"高中英语教学现状"的调研与分析文章，因为"对辖区内 26 所省示范高中开展了'精准教学'专题视导活动"是一个事实，所以也增强了文章所作的"问题剖析"与提出的"改进策略"的信度。

---

[1] 王建辉，崔允漷，陈伟红. 育时代新人 绘课程蓝图：学校课程实施方案精选 [M]. 上海：华东师范大学出版社，2023：149-157.

写作时，阐述事实有两种方式：一是借"引言"介绍基本情况，二是借"数据"分析现实状态。前者一般在经验类的论文写作时应用，后者则会在视导调研类的论文写作中应用。如《区域推进学校教学管理改进的行动与思考——以浙江省嘉兴市为例》①一文，作为浙江省嘉兴市教学管理改进实践的经验总结，"引言"部分是这样表述的："近年来，嘉兴市从区域层面，以创新管理为举措，把追求管理的精致化、效益化，努力实现全市义务教育优质均衡、高质量发展的新常态作为战略目标，并以区域'改进学校教学管理'省教改试点项目作为市域基础教育工作的一项重点，地、市级教育行政与业务部门联手，市、县二级教研部门联动，聚焦中小学当前学校教学管理的难点问题，整体推进学校从'控制性管理'向'指导性管理'的转型，为新时代学校发展、教师和学生的成长赋能。"这段文字，一是讲了嘉兴市近几年来在做"改进学校教学管理"省教改试点项目；二是具体涉及地、市、县级教育行政部门和教研部门的工作内容。正因为有了实践，才产生了后续"三个层面"的经验。

2. 建构逻辑框架

经验类论文的写作，基于事实逻辑和文本逻辑也是基本要求。优秀的经验总结，其逻辑性也应该是清晰的。写作时，按事件发生发展的过程来梳理，这便是遵循了事实逻辑。而在文本表达过程中，语言简约精准，便是在努力做好文本逻辑。《过程质量是成果质量的有效保证——关于教科研课题研究过程的几点思考》②一文，总共分为以下七个部分：

一、研究内容的思辨要到位

二、研究目标的设定要贴切

---

① 孙国虎，张建芳.区域推进学校教学管理改进的行动与思考——以浙江省嘉兴市为例 [J]. 教学月刊·中学版（教学管理），2021（7/8）：3-6.

② 费岭峰.过程质量是成果质量的有效保证——关于教科研课题研究过程的几点思考 [J]. 小学教学研究（教学版），2014（11）：4-6.

三、研究路径的设计要具体

四、研究活动的开展要扎实

五、阶段成果的总结要及时

六、实践资料的积累要充分

七、研究成效的分析要客观

从这七个部分的内容来看，显然就是按课题研究的基本过程来排序的，这也就是此文所依据的事实逻辑。依据事件发生发展的进程来设定写作板块，也是一种常用的事实逻辑的设计方法，我们可以称之为"递进式"。许多校本研修经验总结类论文经常会用这样的逻辑来安排写作板块。如"多次研修实践与思考"类的文章，一般会有"第一次实践、反思，第二次实践、再思，第三次实践、启示"这样的文本结构。

还有一种事实逻辑的呈现方式，可以看作是"并列式"，即事物发生发展过程中多个层面的并列呈现。比如前文谈到的《三维十策：区域推进小学生综合评价改革实践》的文章，便是以行政层面、研训层面与学校层面等三个维度分别展开阐述。这三个层面有联系，但各自有工作任务在做，所以并不交叉，属于典型的并列式表达。

另外，关于文本逻辑，后续在"技术篇"的几课中作重点展开。

3. 挖掘亮点特色

经验总结最根本的意义不在于总结，而在于挖掘亮点，提炼特色，然后做好传播与推广，为别人做好某项工作提供新的思路与方法。因此，写作经验总结类论文很重要的一个方面是对亮点、特色的挖掘。一般着重在两个方面。

一是"理解"的新意。理解主要是针对事件本质的认识，属于认识论层面的创新。时代在发展，许多工作看似"寻常"，却有变化。比如对于教学常规管理，在以往看来，"督"才是管理的核心，而在如今强调管理的促教促学功能的背景下，"导"才是管理的本质，即需要从重管理的行政考查向重管理的专业导引转变。所以也就有了"教案可以备在教材上"的形式认同，也有了作业布置时的"小纸条作业"的亮点发现与推广，等等。

类似的情况，在教师的学科教学上，也同样存在。比如，在"2022年版课程方案"与"2022年版课程标准"颁布前，教师在学科教学之外，对"跨学科主题学习活动"更多体现在拓展课程与综合实践活动之中。自2022年下半年开始，因为有了新方案与新标准的相关阐述，教师对"跨学科主题学习活动"的认识，已经可以站在学科教学的角度上加以解读，并适时进行设计与组织。由此探索形成的经验，也更具创新性与实用性，更利于一线教师学习借鉴。

二是"策略"的新意。对于某项工作的实践经验的总结，若在策略、路径、方法等层面有所创新，那么更会吸引教师，利于他们拿来即用，改进实践。因此，经验类论文的写作者要努力做好这一点。比如自学科核心素养提出之后，如何测评学生的学科核心素养的发展水平，这对于教师的命题提出了新的要求。于是，一位教师就此进行了经验总结，写作了《基于小学数学核心素养的命题思路》[①]一文。文中谈到了四种做法：注重试题直观感知、注重数学阅读素养、注重知识形成过程与注重知识实际应用，在文章的展开中又提供了许多的"题"的案例，有效打开了阅读者的命题思路。

同样是关于命题的，曾经某段时间特别提出了测评学生的学习过程，于是结合我们的实践提炼了相关的命题经验，撰写了《评价设计：从结果走向过程》一文，在对过程性测评解读的基础上，分享了"分层递进式问题""模拟现实的问题"与"突显学法的问题"等命制经验，其中在"分层递进式问题"的命制中，还介绍了"基础+提升"式与"结果+说理"式问题的结构。这样的经验类论文不仅有了创新亮点的呈现，也确实能够对于教师的命题实践提供可借鉴经验。

---

① 吴宗金.基于小学数学核心素养的命题思路[J].教学与管理（小学版），2020（11）：70-72.

论文示例二

区域推进学校"品质课程"建设的实践与思考
——浙江省嘉兴市南湖区的实践*

[摘　要] 高品质的课程与高质量的课程管理，是学校提高教育教学质量的重要内容之一。"品质课程"建设是南湖区区域推进学校课程建设的抓手，整体联动、渐进优化的全过程指导则是基本思路。实践中，从学校品质课程建设"四步"推进路径、"问题解决"策略、精准指导策略、区域评价要略等四个方面进行了探索，取得了一定的效果。

[关键词] 课程建设；品质课程；全过程指导；学校课程

课程作为促进学习者成长的重要载体，已为学校管理者与一线教师所认同。高品质的课程与高质量的课程管理，是学校提高教育教学质量的重要内容之一。自 2014 年《教育部关于全面深化课程改革落实立德树人根本任务的意见》和 2015 年《浙江省教育厅关于深化义务教育课程改革的指导意见》（教基〔2015〕36 号）颁布以来，针对前期课程改革过程中存在的一线教师课程意识薄弱、学校课程建设"碎片化""杂烩式"的问题，我区提出了"品质课程"建设的实践要求，以整体设计、渐进优化的管理思路，扎实

---

* 此文由本书著者与魏林明老师合作，发表于《教学月刊·中学版（教学管理）》2021 年第 7、8 合期。选入时略有调整。

有效的全过程指导，积极探索推进学校课程建设的有效路径，及时指导学校的品质课程建设，助力区域内的中小学校在课程体系的完善、两类课程的建设，以及课程的有效实施等方面，取得了显著的成效。

一、品质课程建设的内涵与价值

所谓品质课程建设，即是以立德树人为指导思想，站在学习者的角度做好课程建构的"四维"要素，在课程内容的选定、学习目标的确立、课程实施路径的设计与学习效度评价等层面，立足于学生的成长需求和素养提升，从而突显"学习者为中心"与"学习为中心"课程建构的理念与行动。

在区域推进学校课程建设的过程中，品质课程建设成了引导学校教学管理者与一线教师开发与实践课程的核心理念。他们努力遵循学校的教育哲学，彰显学校的办学特色，有效利用学校的各类课程资源，设计开发丰富且有层次的课程，并落实在教育教学的实践中，为区域课程改革质量的整体提升作出贡献。

二、区域推进学校品质课程建设的全过程指导

学校品质课程建设中的全过程指导，是指在学校课程建设中，从目标定位到内容选择，再到课程实施与评价等学校课程建设的整个过程中产生问题的针对性指导，从而有效促进学校品质课程建设。课程落地的过程，需要以区域管理的整体规划与切实可行的行动策略作支持，全过程指导不失为一种有效助力学校品质课程建设的方式。南湖区在推进学校的品质课程建设中的全过程指导主要体现在以下四个方面。

1. 整体规划，分步落实，探索学校品质课程建设"四步"推进路径

引导学校课程建设从"散点"到"系统"的过程，需要有高位的课程建设指导，从"整体规划"到"课程研发"，从"单个课程开发"到"课程群

建设",最后到"学校课程顶层设计方案的完善",这是南湖区推进学校品质课程建设的"四步"建构路径。

初步规划方案。2015年期间,区域层面结合省"课程改革指导意见"的精神,出台了《南湖区深化义务教育课程改革的实施方案》,结合本区特点,提出了区域推进学校课程改革的具体要求。要求区域内中小学校结合本校实际制定初步的课程整体规划,对学校课程建设作好初步的顶层设计,并于2015年底分成四个组,对中小学校的课程方案进行交流研讨,由督学和研训中心课程专家组成的指导团队提出修改意见,进行及时修改。这其实也是学校课程顶层设计"从无到有"的1.0版初级阶段。

精品课程开发。有了初步的学校课程建设整体规划并组织全面实施之后,区域层面将关注重点落在学校"拓展性课程"的开发与实施上,指导学校完善课程结构,落实两类课程的高品质实施,并要求开发与形成一批"精品课程",体现以点带面,逐步扩大品质课程建设的实践影响力。

课程群建设。课程群建设是课程建设系统思考的重要特征之一。当学校有了一定量的精品课程之后,区域课程管理者提出了"课程群"建设的要求,把"课程群"建设作为学校课程顶层设计与国家课程校本化实施、校本拓展课程开发之间的重要纽带,并通过"精品课程群"的建设指导,从课程的整体架构上,指导学校将基础课程与拓展课程进行整体思维,完整设计,为后续完善课程顶层设计作准备。

完善顶层设计。这是学校课程建设螺旋上升的一大特点。引导学校管理者从课程整体规划这一起点回归课程顶层设计思考,是品质课程建设的重要过程。在各校有了一定的"精品课程""精品课程群"的基础上,区域管理者指导学校完善课程顶层设计的方案,整体思考"国家课程校本化实施"与"学校课程精品化建设"的关系,架构学校的课程方案,从更高层次上建设学校的课程,完善学校课程方案,形成学校课程整体实施方案的升级版。

2. 关注实践,引导反思,探索学校品质课程建设的"问题解决"策略

课程建设实践中产生的问题,其实也是课程管理者必须面对的问题。实

践生问，解决问题，也是课程实践者的常态。作为区域的教学管理者，如何集区域优势，指导学校课程管理者解决课程建设中产生的问题，也是一种职责。实践中，从区域层面策划问题集中研讨活动，更好地引导学校课程管理者明确不同时间段的品质课程建设的重点，及时梳理总结实践性成果，深度思考实践中存在的问题，并能够加以调整、完善，以保障学校课程建设顺利推进。近五年中，两项标志性的活动设计如下：

课程建设难点问题的集中研讨。如关于学校"拓展性课程"的开发与实施，引导学校管理者思考所开发的拓展性课程：课程内容是否着眼于学生的发展，课程设计是否满足学生个性发展需要，是否与学校的办学定位相切合；课程是否有完整的纲要、具体主题活动的教学方案；课程价值阐述是否明确、课程目标设计是否科学，课程内容编排是否合理，课程实施思路是否清晰；课程在开设过程中是否受到学生欢迎；等等。这样的活动一般每年不少于2次。

课程群组建设的问题交流与研讨。关于课程群的建设，则是引导学校管理者思考与分析课题群的主题是否明确，课程群中的课程设计是否满足学校学生选择需要，组成"课程群"的课程数是否达到要求；思考课程群与基础课程、拓展性课程的关系，与学校课程整体设计之间的关系等。这样的活动一般每年组织1次。

正是有了这样的研讨交流活动，也便于学校管理者在课程或课程群建设中，能够结合学校特色有针对性地、有侧重点地进行品质课程建设的反思与分析，及早地发现课程建设中出现的问题，及时寻求解决问题的对策，使学校品质课程建设成为提升教育教学质量的重要一环，学校课程的实施过程能够真正为学生的素养发展服务。

3. 评优激励，着眼差异，探索基于校本特点的品质课程建设精准指导策略

差异是学校品质课程建设过程中客观存在的现象。学校品质课程建设中的差异一般表现在两个方面：一是内容维度的差异，二是质量水平的高低。发现课程建设中存在差异的方式有很多，比如走访式调研，比如查阅课程相关

资料等，通过"课程主题的评优"的方式发现学校课程建设中的差异，也是一种有效的方式。评优得到一个等第不是目的，通过评优发现学校之间在品质课程建设上存在的差异，继而利用差异进行精准指导是最终的目的。我们在实践中采用"优则推""弱则扶"两种基本方式对学校课程建设进行精准指导。

"优则推"。这指的是将优秀的课程或课程群建设成果，通过搭建展示交流的平台加以推广，以供其他学校学习、借鉴。比如2018年9月我们组织第二批"拓展性课程"精品课程评选活动，共收到申报课程139项。经评定，其中的112项课程被评为精品课程。于是，我们通过精品课程的分享展示交流活动，将一些高质量的拓展课程在区域范围内进行推广，同时还将"小说欣赏课"等五项精品课程正式出版，成为区域精品课程的范本，供老师们学习参考，完善自身的课程建设。2019年初，则将区内优秀的学校课程整体方案汇编成集，如东师大南湖校的"五向课程"、秀城实验教育集团的"智慧教育课程"、凤桥镇中心小学的"起航课程"、七星镇中学的"树人课程"等优秀课程方案做了整体推广。

"弱则扶"。在以课程主题为主的评优中，我们会发现校际间的差异。有些学校课程建设能力比较强，有些学校则相对较弱。于是，对薄弱学校进行有针对性的指导，提高这些学校管理者与教师的课程开发与应用水平成了区域教学管理者的一项重要工作。比如2018年我区组织的"学校课程方案"评选，旨在挖掘各校在课程建设上的个性化经验，并对整体推进课程建设提供可参考的样本。本次评选共收到学校课程方案31项（区内中小学校均有申报），最终评选出优秀方案21项。评审后，我们在表彰优秀方案的同时，特别关注非优秀方案所在学校的课程顶层设计指导，对未获得优秀方案的学校，通过区域课程管理者的分组调研，深入学校一线，查找相关问题，组织学校管理者再讨论、再思考，最终对原有的方案作了进一步的完善，从而让这些学校的教学管理者能够更深入思考与实践品质课程建设。

4. 实践导向，着眼素养，探索学校品质课程建设的区域评价要略

品质课程建设的意义与价值，最终体现在学生的发展上。学校课程建设

的质量正是通过所在学校学生的整体发展体现出来。因此，从区域层面推进学校落实品质课程建设工作，不仅需要对学校教师在课程开发与实施层面作实践性指导，同样需要通过课程评价给予引领性指导。

从实践来看，我们在学校品质课程建设中的课程评价基本有三种方式：一是精品课程的评优；二是课程实践成果展评；三是纳入学校教育质量目标考核系统。除了精品课程的评优更强调课程建设质量的差异，利于及时跟进指导之外，课程实践成果展评与纳入学校教育质量目标考核系统，更强调学校品质课程建设的整体成效，体现在学生的学习质量之中。如2019年1月召开的南湖区"深化课改"推进会暨2019年教学工作会议上，学校品质课程建设与经验分享活动中，秀城实验教育集团就其在学校拓展性课程实践中取得的成果作了区域性的展示与推广，这期间将学校开发实践的30多门拓展课程，利用下午第一、二节课的时间，作了全面展示。学校致力于"培养有智慧的人"的拓展课程"延展、综合、多元、灵动"的特点，得到了充分展示，给与会的校长、老师们留下了深刻的印象。而如同这样的课程实践的整体展评，基本上每年都有组织，这也是对品质课程建设中，在顶层设计与具体实践取得了成熟经验的学校的一种肯定。

同时，区教育体育局在每年度的学校教育质量目标考核中将"课程设置"纳入其中，从"国家课程的校本化"实施质量与学校课程开发实践质量两个维度进行细化，并进行效度评定，这同样为提升学校品质课程建设质量提供了支持。

最后想说的是，课程建设是一项没有终点的工作。南湖区从区域层面推进学校品质课程建设，构建的"四步建构路径"，其实质体现了教学改革"螺旋式推进"的实践模式，展现了区域教学管理助推学校课程建设者们的实践智慧，同时也为学校课程建设的管理者们"高品质、高质量"建设学校课程创造了条件，提供了平台，当然最终是为了更好地促进学生全面发展服务。

第 7 课 思辨类论文

一、什么是思辨类论文

思辨的基本意思是思考、辨析，哲学上则是指运用逻辑推导而进行"纯理论""纯概念"的思考。思辨类论文的概念也是相对于前面谈到的课例式论文、经验式论文而言的，就是指从概念出发，以解构概念或逻辑推导概念结构为重点，建立在假设基础上而写作的教育教学论文。与前面两类论文以客观对象"课"或经验事实为基础的解读、论述不同的是，思辨类论文写作的起点是对某个概念的思辨或某个观点的解释。

同样，我们也先来看一个例子。

《"量感"的意义、内涵解读及其教学要点思考》[①]是发表在《小学数学教师》2022 年第 10 期上的一篇论文。从文章的题目可以知道，本文讨论的主题与"量感"有关，这也是《义务教育数学课程标准（2022 年版）》在核心素养表现中增加的一个关键词。文章具体涉及的内容包括三个方面：意义、内涵与教学要点。

首先看意义部分：提出了一个观点，即"从数感到量感，数学学习感性经验与理性认知相调和的结果"。这是对数学课程标准相关内容解读后，作者自身的理解。

---

① 费岭峰."量感"的意义、内涵解读及其教学要点思考 [J]. 小学数学教师，2022（10）：14-17.

其次是对量感内涵的解读，分析得到三个水平层次，即直感、测度与测算。有一定的实践支撑，但更多反映的仍然是作者对量感理解基础上的解构。

第三个部分的教学要点，虽然涉及了教学实践，还有相应的具体实例作支撑，但行文语言总体上仍然以"假设"为主，谈到的四条策略，也是基于量感发生与发展的逻辑所作的推演。

我们说，这篇文章指向于概念解读，以论述推导为主，具有典型的思辨特色。当然，此文也是"量感"教学研究一组文章的主题稿，"统摄全局"也是其应该具备的特点，将"量感"的意义、内涵及基本的教学要点思辨清晰，从而引领读者更好地去读后续的案例支撑稿。这也是思辨类论文该有的功能。

二、思辨类论文的特点及其写作意义

与经验类论文重事实、重归纳相比，思辨类论文重观点、重演绎，特别关注概念的逻辑解构，问题的归因与对策。思辨类论文也有其显性的特点。

1. 核心内容思辨

思辨类论文的基本特点是思辨，首先也应该是对概念或问题的深度思辨。有些论文是聚焦某个概念展开的，也便需要对概念有解读。此类论文一般会单独设立一个板块：概念内涵解读或者叫作"概念界定"。时常也会作为文章的主要内容呈现在题目中，如前面提到的关于"量感"研究的论文。

从认识逻辑来分析，概念理解是事物认知的关键。唯有对一个概念有了全面而深刻的理解，才有可能真正掌握。从教学研究来看，概念的厘清也是研究的起点，若研究什么都不清楚的话，所谈研究也是空话。而从论文写作的要求来看，概念解读也是论文立论的基石，一篇论文对于文章的核心概念阐述是否清晰，也是影响文章质量的重要因素。思辨类论文对概念的解读与思辨则更为重要。

如《生态衔接：小初衔接教育的一种思路》①这篇文章中，显然"生态衔接"是此论文的核心概念，文章是"基于小初衔接教育问题的审视"后，对衔接教育实践提出的一些实践建议。那么，什么是"生态衔接"是文章首先要阐述清晰的点。文章由"小初衔接的价值分析＋生态衔接的内涵解析＋小初教育实践"三个部分构成，其中第二部分就是对概念的解读。因为有了对"生态衔接"的释义与解析，所以对第三部分的实践理解也便有了基础，也就知道"为什么"要形成"全面贯通的管理生态、凸显体验的文化生态、有机融合的课程生态、学段协同的研训生态"的理由了。

当然，有些思辨类论文是针对问题的思辨展开的，所以在写作时，会结合研究主题对现状进行分析，发现相关问题，并分析问题的类别及其产生的原因。如《儿童视角下幼儿园角色游戏区环境创设存在的问题与解决策略》②一文，便有一个板块是针对"儿童视角下幼儿园角色游戏区环境创设存在的问题"进行了提炼与归纳：角色游戏区的主题更新周期长、空间容纳性较小、材料适宜性不足以及创设忽视儿童自主权等。有了具体问题的归类之后，提出了相应的对策，也就使文章的立意清晰了，也让做法更有落地的可能了。

思辨的意义在于，想清楚了，才有可能让行动更有针对性。

2. 注重逻辑推理

从论文的结构与语言表达来看，相对来说，课例类论文、经验类论文重实践基础上的归纳，经验总结的特质更浓一些，逻辑演绎的成分不足。思辨类论文的写作方法强调的是演绎，注重逻辑推演，因此更具学术研究的特点。

这里我们先以《真实性问题情境的设计研究》③一文为例作说明。这篇

---

① 丁杰，徐蕾，孙朝仁.生态衔接：小初衔接教育的一种思路[J].人民教育，2022（2）：66-68.

② 海梅，朱虹.儿童视角下幼儿园角色游戏区环境创设存在的问题与解决策略[J].中国教师，2023（8）：89-93.

③ 刘徽.真实性问题情境的设计研究[J].全球教育展望，2021（11）：26-44.

文章是由浙江大学教育学院课程与学习科学系刘徽所写，发表于《全球教育展望》2021年第11期。此文也是国家社科基金一般课题"中小学非正式学习空间的设计研究"的研究成果之一。文章由三部分构成：为什么要引入真实性问题情境、真实性问题情境的特征是什么和真实性问题情境如何设计，分别谈了意义、概念内涵与设计策略等内容，其中前两部分虽然引用了诸多前人的研究结论或观点，但写作方式是逻辑演绎。比如在阐述特征时，第一点强调了"真实性问题情境的本质特征是'真实性'而不是'真实'"，第二点阐明了表现性特征的三个方面：开放性、复杂性与多元性，典型地解构分析。文章的第三部分，谈了"六步"设计，即确定问题情境的目标、寻找问题情境的原型、明确问题情境的类型、设计问题情境的框架、精致问题情境的呈现、组织问题情境族等。每个步骤在展开时，均是先论述基本特质与要求，然后提供一些例子印证说明。这样的表达，基本也是逻辑演绎的体现。

演绎推理式表达的基本特质是先有概念，然后基于概念去解释事物，或者寻找一些事物来印证结论，体现了从一般到个别的表达特点。这种方式并不只限于高校研究者采用，教师也可以尝试这么去思考分析一些问题，以解构一些概念。比如发表在《中小学教师培训》上的一篇由两位来自一线的教师合作撰写的论文《小学数学结构化学习评价内涵、模型和实践策略》[1]，同样具有很强的学术研究深度。文章先解读了"小学数学结构化学习评价"的内涵与特征，然后阐述了相应的理论基础，再是在展开论述的过程中，依据基本的概念内涵，以演绎推理的方式，架构了实践框架，最后谈了实践策略。这样的文章是典型的思辨类论文，体现了写作者的学术水平。

由以上分析可知，注重逻辑推演的方式去思考概念、分析问题，更利于研究者关注问题本质，在准确把握概念实质、问题本质的基础上去探索解决

---

[1] 朱俊华，吴玉国.小学数学结构化学习评价内涵、模型和实践策略[J].中小学教师培训，2020（9）：53-58.

问题的策略，从而从根本上去解决问题。另外，由此探索得出结论或策略方法，更具一般性，也更有传播与推广价值。

三、思辨类论文的写作样式

思辨类论文一般围绕观点、概念或问题展开论述，其写作具有更强的理性色彩。这里我们介绍三种较为典型的思辨类论文的写作样式。接下来就结合一些实例作简要说明。

样式1：观点剖析式

观点即为对事物或问题的看法，有着主观色彩。观点背后蕴含着一个人对事物的认知状态。观点剖析即为对"看法"进行适当的解构，以了解这种"看法"背后的理由。对于教育教学问题的探讨，也可以采用观点剖析的方式进行，这也便产生了观点剖析式的论文写作。

如《数学阅读，不容忽视的一种能力》[1]一文，对于"数学阅读"的意义与价值，作者抛出了观点：这是一种不容忽视的能力。因为文章要讨论的核心是关于"数学阅读"的问题，于是需要厘清的问题便产生了：本文所谈的数学阅读是什么？有怎样的特征？对于谁来说是"不容忽视的能力"？这种能力是如何表现的？那么，在教学中，又该通过哪些方法去引导学生做好"数学阅读"这件事？完成这些问题的思辨，也就有了文章的产生。论文也正是通过"引言+概念解读+特征分析+教学策略"等四个部分的写作，思辨了以上这些问题。这四个部分的逻辑关系是："引言"提出问题，"概念解读"与"特征分析"均属于概念内涵厘清的部分。因为有了这两部分的解构与分析，所以后续的策略落地也有了根基，有了实践的底气。

对于教师来说，观点剖析也是一种思辨问题的能力。因此，观点剖析式

---

[1] 向婕，费岭峰.数学阅读，不容忽视的一种能力[J].小学教学研究（教学版），2012（5）：4-6.

论文写作也是培养教师针对问题提出观点，然后分析观点，最终解释问题、解决问题的一种有效的研究方式。教师在写作观点剖析式论文时，也需要回归实践去对照、寻找相应例子，用来解释观点、印证观点的同时，提供更多的解决问题的策略与方法。

样式2：问题思辨式

论文写作作为教育科研的一种重要方式之一，对于教师而言，写作缘起一般是基于对实践问题的思考。现作为思辨类论文中的一种样式，问题思辨类论文写作，一般包括问题提出与归因、解决问题的对策等内容。

前文谈到的《儿童视角下幼儿园角色游戏区环境创设存在的问题与解决策略》一文中针对"环创"中的四个问题剖析，即是比较好的归类思考。现在我们再来看一篇发表在《中国教师》上的文章，题目是《初中课堂微观化教学模型变式的理性架构》[①]。从文章的题目来看，此文相对比较理性，属于思辨味较重的论文。文章在第一部分"问题与价值"中，提出了三类问题：（1）模型匹配知识类型，但"缺少"了知识亚类的考虑；（2）模型打破学科界限，但"迷失"了学科本身的立场；（3）模型推动教学变革，但"禁锢"了教师智慧的创造。问题提出后，又通过"文献与述评"，对问题产生的原因进行了归因：一是微观化教学设计理论弱、学科化、策略碎，二是微观化教学模型流程化、不好用、变式少。究其原因之后，提出了相应的对策：寻求微观化教学模型变式的立论逻辑与探索微观化教学模型变式的结构样态，以及建立保障机制，寻找合适的研究方法。

显然，问题思辨式的论文写作中，对问题的归类很重要，然后有归因分析，最后才有针对性的策略。这也是问题解决的思考与实践逻辑，可细读"技术篇"的"阅读材料三"《忽视"证伪"教学的原因及对策——基于小学数学课堂教学实践的思考》一文后，再作体会。

---

① 邵文鸿，李政森.初中课堂微观化教学模型变式的理性架构[J].中国教师，2023（8）：59-62.

样式3：理论指导式

实践表明，一线教师的教育科学研究不在于创造或创新理论，而是以教育教学理论作指导的实践探索。理论指导式的论文写作也是思辨类论文中的一种常见样式。很多时候我们可以从论文的题目中直接可知。如"××理念下……""基于××理论的……"等。此类论文写作中，对于理论（或理念）的解读、理解是否准确、到位很重要，然后才有基于相关理论的解释现象或设计策略。

我们来看《洋葱模型理论视域下中小学教师教学敏感的水平特征探究》[①]一文。从文章的题目就可以看出，此文研究的基础是"洋葱模型理论"，作者以"洋葱模型理论"对教师的教学敏感水平进行分析。因此，文章必须有对"洋葱模型理论"的解读，以供读者了解此模型，再以此模型的理论框架去读懂数据分析的内容。文章的第二部分"理论框架"便是对此理论的解读："洋葱模型"是由荷兰教育研究者弗雷德·科瑟根提出的，也叫"反思水平理论"，具体包括6个水平，从外到内即为"环境水平、行为水平、能力水平、信念水平、认同水平、使命水平"。然后再予以解释各个水平的具体内涵。因为有了"洋葱模型理论"的加持，一则使得文章对中小学教师"教学敏感"的水平分析更具理性色彩；二来借用研究者成熟的理论模型分析实践问题，也让研究更具科学性，得出的结论也会有更大的应用价值。

理论指导式的论文写作，需要有对相关理论的深度学习与解读，准确把握相关理论的内涵本质。因此，这种论文写作方式，也是引导教师深度学习理论，形成先进的教育教学观念，促进专业成长的比较好的方式。且此种写作样式，还可以迁移到对课程方案与课程标准中提出的理念、要求的学习与思辨，进而撰写思辨类论文。以小学数学学科为例，研究点稍微宽泛一点，

---

① 付光槐，宋霜玲.洋葱模型理论视域下中小学教师教学敏感的水平特征探究[J].上海教育科研，2023（2）：63-69.

则可以基于课程标准中的一级概念进行教学思辨,如"'三会'素养标准指导下的小学数学课堂教学变革探索";也可以基于二级概念下的实践探索,如"内容结构化整合理念下的单元整组教学策略探索";当然还可以聚焦更小的主题,如"模型观念建构视域下的运算律教学新探";等等。这既是论文写作,也是课程标准内容的学习,更是理念落地策略的探索。

四、思辨类论文的写作要点

1. 概念解读,体现层次性

前文谈到,思辨类论文中关于概念的解读板块的写作极为重要,既要考虑逻辑性,更要考虑层次性。事实上,对于某些观点或观念,直接定义还不一定能够表达清晰,所以一些文章在界定概念时,采用的是分层界定,逐渐深入的方法进行的。如前文谈到的《小学数学结构化学习评价内涵、模型和实践策略》一文,其在概念界定时,便是分了三个层次:第一层次,对"结构化学习"进行界定。结构化学习是什么?结构化学习包括了几个方面?由此提出了适合结构化学习的评价——表现性评价。于是有了第二个层次的界定——表现性评价。表现性评价是一种怎样的评价?然后才是对小学数学结构化学习表现性评价进行界定。这个定义也是作者在理解、解读了结构化学习与表现性评价的相关概念与特征之后提出的。从某种意义上来说,也是研究成果之一。

概念的有层次解读,利于将概念的内涵与外延表达得更清晰。有些文章在解读概念时,则是从内涵与特征两个维度进行解读的。比如前文谈到的关于"数学阅读"的那篇论文中,对于"数学阅读"就是分两个板块界定的:首先是从阅读的概念定义"数学阅读"——"数学阅读是数学语言学习的一种方式,是在对数学学习材料进行解读的过程中所产生的一种数学思考,是学生良好数学素养的基本表征之一"。然后是关于基本特征的表述,数学阅读具有抽象性、精确性与转化性等三个基本特征。

当然，在概念解读中，我们还可以借用研究者已有的定义来解释。比如前文谈到的"生态衔接"一文中关于概念内涵解析时，文章就引用了美国心理学家布鲁芬·布伦纳的观点："当个体在生态环境的位置改变时，他会经历生态学上的过渡。"以此来论证解释"生态衔接"的概念。这样的概念解读也是比较常见的方式。

2. 文本框架，突出学理性

与课例类论文、经验类论文写作时，可以采用工作推进的框架模式不同，思辨类论文的文本框架，一般围绕核心主题来确定，体现出主题结构的不同研究阶段。比如前文谈到了《真实性问题情境的设计研究》一文，一级主标题用了三个问题：为什么要引入真实性问题情境？真实性问题情境的特征是什么？真实性问题情境如何设计？这三个问题也正是从学理上需要去思考与解释的"真实性问题情境"的基本问题。

论文写作中的学理逻辑的基本要求是，清晰表达问题间或要素间的逻辑关系，并依次加以解答。比如关于"课程地图"，要想围绕此主题进行论文写作，我们需要思考：该讲清楚哪些问题？这些问题间有怎样的关系呢？

第一个问题便是"什么是课程地图"，即内涵明晰；第二个问题是"课程地图在实践中会有哪些表现样态"；第三个问题，若在实践中应用，可以有哪些用法。这三个问题应该是基本问题。我们来看《上海教育科研》杂志上一位教师写的题为《课程地图的基本内涵、组织形态与绘制路径》[1]一文，其基本结构："一、课程地图的基本内涵；二、课程地图的实践应用；三、课程地图的批判性审视；四、课程地图对现今课程建设的启示。"显然，前面两个部分回答了基本问题，后面两部分则是对延伸性问题的思辨，表明作者的研究更为深入，考虑的问题更完整。

提出学理性的要求，也是对思辨类论文写作特点把握的基本要求。很多时候不仅仅体现在内在逻辑上，还需要表现在各个层级的标题上。

---

① 金明珠.课程地图的基本内涵、组织形态与绘制路径[J].上海教育科研，2023（2）：6-11.

3. 阐述策略，突显简约性

思辨类论文写作还有一个基本要求是，文字表达不求过多的细节，但求针对性，简约处理，点到为止。与课例式论文最大的区别在于，思辨类论文在选择课例实践的情境性文字时，注重描述式引用，淡化实录式应用。前面谈到的所有文章中，都能体现出这个特点。

这里我们以前面谈到的《课程地图的基本内涵、组织形态与绘制路径》中的"实践应用"板块的"用于课程整合的表格图"的论述为例作具体说明。

这个部分的文字主要表达了四个层面的意思：一是表格图的应用意义；二是表格图的构成内容；三是表格图的具体用法；四是表格图的绘制步骤。在表述时，采用的是论述性的语言，作了简单却又清晰的阐述。在具体应用与绘制时，也以结构化的语言作了提炼。如对具体用时，以"横向整合"与"纵向整合"作了概括，然后稍作展开；在绘制时提出了"7阶段"思路，对每个阶段也只对基本的操作要点作简单介绍，不以实例作展开。这也是论文写作与案例描述间的区别。

五、思辨类论文写作的适用范围

从教师论文写作的基本出发点来看，围绕课堂教学研修的课例类论文，着眼于实践经验总结提炼的经验类论文，才是教师论文写作的基本类型。那么，为什么还要强调教师去写思辨类论文呢？其实，对于教师来说，思辨类论文的写作也有其适用的范围。两种情况下，教师可以通过思辨类论文的写作来实现相应的目的。

一是专业学习时对概念的理解。比如前文谈到的新课程改革出台课程方案与课程标准后，涉及新理念、新概念，需要学习与理解，然后才有扎实落地的可能。于是，围绕这些理念或概念解读的思辨类论文便有其存在的需要了。写作即学习，思辨即理解。关于此类论文，前文已经举了比较多的例子，这里不再赘述。

二是教师在做研究课题时，需要对研究课题的核心内容（包括主要的概念）进行深度解读与剖析，这也是课题理性思考的重要内容。于是，思辨类论文因其具有对概念或问题的深度思辨的特点，能够立足对概念内涵、特征作出的思考，便比较适合于作为解读概念的载体。一直以来就有个观点，教师做一个课题至少可以写三类论文，其中第一类指的就是对研究课题的核心概念在理论学习基础上进行的深度思辨式的写作。举几个例子稍作说明。

曾写作并发表在《中小学教师培训》2017年第1期的《数学活动：承载儿童数学学习的重要过程——谈促使小学生数学学习发生的数学活动设计要点》，是基于浙江省教育科学规划重点课题"小学数学活动教学研究"的核心概念"数学活动"作深度思辨基础上写成的。主要谈了关于数学活动的四个特点，即源于数学、思维发生、经验形成与数学建构，教师要设计有效的数学活动，需要由这四个特点出发去思考、设计。

同样，《过程取向的小学数学学科测评设计与思考》一文，是结合浙江省教研课题"过程视角的小学数学测评题命制与运用研究"而写成的概念思辨类论文，主要针对"过程取向的小学数学学科测评内容及其特征"进行解读，在此基础上思考了测评工具研发的一般要求。

以上谈了思辨类论文的适用范围，供老师们写作时参考。

论文示例三

直观想象的内涵解读、水平表征与发展路径思辨*

[摘　要] 直观想象是基于数学学习的内容特点、过程方法提出的发展学生素养的内容之一，其内涵可以解读为事物感知的方法、概念理解的手段与问题解决的策略，其发展一般有感受描述、直观分析与想象构建三个水平。直观想象的学习路径有基于图形概念形成的"感知·抽象"，基于数学概念建构的"借形·理解"，基于图形整体认知的"动态·比较"，以及基于数学问题解决的"转化·构模"等。

[关键词] 直观想象；感知抽象；水平表征；学习路径

直观就是通过感官直接接触到事物、感受到形象的感性认知方式；想象即是基于某种信息材料在脑海中浮现出新的形象的思维方式。直观与想象合起来就是指借助直接感受到的事物的某些要素，经过大脑处理，在脑海中形成新的形象的认识事物方式。我们说，直观想象"本质上是一种基于图形展开想象的思维能力"[①]。将直观想象作为小学生数学学习发展目标提出时，需要对其内涵加以解读。

---

* 此文发表于《教育研究与评论（小学教育教学）》2023年第5期，发表时原题为"直观想象的水平表征与发展路径"。作者为本书著者。选入时文字有改动。

① 徐德同，钱云祥.基于质量监测的初中学生直观想象发展状况的调查研究[J].数学教育学报，2017（1）：22—24.

一、直观想象的内涵解读

直观想象作为一种数学素养,是基于数学学习的内容特点、过程方法提出的,表现在教学中是指"借助几何直观和空间想象感知事物的形态与变化,利用空间形式特别是图形,理解和解决数学问题的素养"[①]。具体我们可以从三个维度加以解读。

其一,作为"事物感知的方法"。指的是"借助几何直观和空间想象感知事物的形态与变化"。我们已经充分地认识到,数学与生活密切相关。许多数学知识来源于生活,是在对生活现象的观察与现实问题的解决中逐步抽象而来。而对事物的"感知"是数学学习的起点,学生也正是在对事物的感知中,真切感受数学知识的学习与生活经验、对生活现象的认识间存在着密不可分的联系。且在数学学习的某个阶段,可能通过几何直观和空间想象对事物进行"感知",从而获取知识,形成活动经验。

比如,学生在探索解决如"在一条长100米的道路一边每隔5米种一棵树,至少需要几棵树"这样的问题时,可以借助直观形象的线段图来分析厘清情境内容;又如在观察感受到"教室地面的面积大约是60平方米"后,可以推断"学校操场的面积大约是多少平方米"等。当然,小学阶段的许多几何图形的形状、大小,都可以看作对生活中的物体观察感知的基础上概括与抽象而成;在感悟形与形之间、形与数之间、事与形之间等关系时,也会经历这一过程。

其二,作为"概念理解的手段"。我们知道,数学概念一般具有高度的抽象性,这对于学生理解数学概念带来一定的难度。于是我们可以"利用空间形式特别是图形,理解数学问题的素养"。比如"三角形的高"的定义:从三角形的一个顶点到它的对边作垂线,顶点和垂足之间的线段叫作三角形

---

① 中华人民共和国教育部.普通高中数学课程标准(2017年版2020年修订)[M].北京:人民教育出版社,2020:6.

的高，这条对边叫作三角形的底。如果仅靠文字来理解，学生对定义中"顶点""对边"与"线段"等关键词语的理解还是相对抽象的，若在学习中结合一个"画有高"的三角形图（如人教版实验教科书四年级下册第61页图那样，可以画有1条高；更好的是呈现一张画有3条高的图），便可以让学生更容易理解"三角形的高"的含义。

事实上，新课程理念下的课堂教学中，直观想象手段的运用，还经常会出现在"数与代数"领域内容的学习中。比如对于"分数""小数"等数概念的理解，一般会结合生活情境与直观图形，帮助学生认识理解其含义，从而掌握数概念的含义。当然，如"乘法运算律（如分配律）"这样相对抽象的数学规律，其认识与理解过程，同样可以借助直观想象的手段进行。

其三，作为"问题解决的策略"。新课程理念下的小学数学课堂，因为"画数学"的作用已为许多一线教师认同，现已成为帮助学生理解与分析数学问题的重要手段，因而直观想象也是学生发现问题、分析问题与解决问题的基本策略。

比如，"平行四边形面积"的学习就是一个典型的例子。学生探索平行四边形面积计算方法的过程中，出现了两种典型方法：方法一，通过"剪拼转化"将原平行四边形转化成一个与其同底等高的长方形，然后用"长×宽"计算长方形面积，因为这里的"长就是原平行四边形的底，宽就是原平行四边形的高"，因此平行四边形的面积自然就可以用"底×高"来算了。方法二，通过"拉动转化"，将原平行四边形转化成一个与其四边相等的长方形，然后用"邻边相乘"计算长方形面积，因为长方形面积是"长×宽"，即邻边相乘，那么平行四边形的面积也应该是"邻边相乘"。

两种方法看似都有道理，但引导学生通过想象再结合画直观图进行分析，把转化过程完整呈现后发现，"邻边相乘"的方法显然是错误的，因为在拉动过程中扩大了原平行四边形的面积；而"底×高"的方法才是正确的，因其割补的过程面积大小没变。

以上就直观想象的内涵作了深度解读。事实上，我们还可以看出，发展学生的直观想象，几何直观和空间想象的能力培养是基础。因此，对于小学

类型篇

生来说，需要将发展几何直观与空间想象作为学生直观想象素养的基础性工作来抓。

二、直观想象的水平表征

对于小学生来说，直观想象可以从"直观感知、空间观念、几何直观"等三个方面的能力维度来解构，更可以从发展的过程，结合学生在数学内容学习过程中的能力表现解构成以下三个层次。

水平一：感受描述。这也是直接观察获得感性经验的第一步，是直观想象素养发展的基础水平。具体表现为：能够将通过感官感受到的事物的形态与变化用语言表述出来。比如看到某个装零食的长方体的盒子，知道如盒子那种形状的图形就是长方体，并能够描述出长方体的基本特征：6个面，每个面都是长方形；相对面的形状、大小看起来也是相同的；两个面相交的地方有一条边，而且相对的边的长度也是相等的。若从认识事物的水平来看，"感受描述"层次的直观想象还处于对"感官感受到的事物的形态与变化"的最直接反应，等同于认知能力水平的"直感"。此水平，虽然属于直观想象的初级水平，但从思维过程来说，需要经历信息的输入与输出的转换，即将感官感受到的信息经过加工，用数学语言准确表达出来，因此在直观想象发展中有着重要的定向作用。

水平二：直观分析。此一水平的表现是在前一水平直观感受积累了丰富的"事物的形态与变化"经验基础上的，会有对感受到的事物的形态与变化有了一定程度的理解与分析之后的表现。这个水平阶段既有感官经验的再现，更有自身理解状态的展现。过程中实际表现一般会出现两种情况：一种以图形认识为学习目标，即基于图形的特征形态，对图形的性质等有一定的理解与掌握；还有一种是将图形作为分析理解的手段，过程中也会有结合图形特征的描述，但重点关注非图形事物的本质或关系。前者如"圆的认识"中，学生通过对一个纸片圆的操作探索，如采用折一折、量一量、画一画等方式探究后，发现一个"圆"中的所有的半径都相等，所有直径也都相等；

后者一般体现在借形理解的内容中,如学生对"数概念"的理解,无论是低段认识"整数",还是从第二学段开始认识的"分数""小数",教材一般都会在基于现实场景的"实际量"基础上,以图形符号等引导学生对一个具体的"数"进行认识与理解,从而帮助学生建构起数与量、数与形的关系,以更加立体地认识理解"数概念"。

水平三:想象构建。发展直观想象能力的基础是直观感受,而最终的目标则是能够借助直观与想象,经历对数学知识的抽象、理解,建构起一条分析、解决数学问题的基本路径。过程中,想象构建则是其中要求较高的一种表现,在积累了相应的形的经验、数与形的联系以及一些物体的空间位置关系的认识经验基础上,借助"形"的特征,分析数学知识间的内在联系,形成一定的结构化认识能力。当然,这样的认识水平一般体现在数学学习中的数学抽象、数学推理、数学建模等综合运用知识,形成高阶思维水平的数学活动中。比如,学生学习了各种平面图形的"面积"后,有了长方形、正方形、平行四边形和三角形、梯形等平面图形的面积计算经验后,通过一种图形的面积计算方法[如梯形面积=(上底+下底)×高÷2]勾连起这几种平面图形面积计算方法间的关系。这一活动因为有相应的图形特征的回忆,同时还需要有图形动态变化的想象与思考;需要学生有几何直观的经验再现,同时也需要有一定的空间想象作支持,综合性较强,显然是学生直观想象能力的较高体现。

三、直观想象的学习路径思辨

直观想象作为一种学生数学学习素养发展的目标,需要结合数学内容的日常学习,有方法、有策略、有路径的发展。以下就针对小学生直观想象发展学习的路径,结合一些实例作阐述。

1. 感知·抽象:感性经验基础上的图形概念形成

这是基于小学数学"图形认识"内容的直观想象学习路径。严格意义上讲，数学中的几何图形在生活中都是借助物而存在的。比如生活中看到的长方体、正方体，一般都是以生活用品"物"的形式出现：长方体形状的饼干盒，魔方的形状是正方体，等等。平面图形更不会独立存在，而是数学抽象后的结果。实际教学中，教师在引导学生在认识这些图形时，一般也会借助生活中的物品，组织相应的动手操作活动，引导学生通过一定的观察，在发现的基础上，归纳出相应图形的特征。这样的"看得见""摸得着""构得成"的过程，就是典型的数学学习"感知·抽象"的过程，也是发展学生直观想象能力的重要过程。

作为图形概念建构基础的"感知·抽象"，是数学学习过程性目标达成、数学活动经验形成的必要过程。实际的学习中，对事物的"感知"是必要的基础性活动，一般需要经历"单一物"的感知、"多个物"的感知、共性特质的关联梳理等三个认识层次。而"抽象"一般会表现出两种不同的维度：一是直接抽象出图形，如上文提到的长方体、正方体，还有圆柱等，便是基于对生活中一些物品的共性特质抽象得出的立体图形；二是感悟形之间的关系，如学生有了立体图形面的特点的感知，通过描画的过程抽象出相应的平面图形，如长方体中的某个面，因其是四边形，且4个角都是直角，所以依照这个面描画下来的图形就是长方形了，如果这个图形中的4条边也正好相等，那么这个长方形就比较特殊了，得到了正方形。这个过程中，便蕴含着平面图形与立体图形的关系，平面图形内部之间的关系。

2. 借形·理解：数形结合理念下的数学概念建构

数学知识中，数与形的关系是密不可分的。这不仅仅表现在数学知识的结构上，也表现在数学内容学习的过程中。数形结合经常成为学生认识数或认识形时常用的学习方法。借助形的支撑，理解数的含义、把握数之间的关系，形成数概念结构，已经成为一线教师的共识。

当然，从直观想象的意义来看，"借形·理解"既是手段，又是目的。新课程理念下的数学概念建立，需要"多通道""多结构""立体"实现。所谓"多通道"，即为手到、眼到、心到的多种感官参与学习过程，在动一动、看一看、想一想等活动中丰富感性经验，从而让抽象的数学知识形象起来，生动起来，变得可感、可悟、可用。所谓"多结构"，则指向于数学知识的不同表征方式，既可以是纯数学的表达，也可以是物象的表示，还可以是图形及符号化的表征。如乘法分配律的学习中的"一套衣服""一对课桌椅"是物象的表征，两个长方形的组合是图形表征，字母表达式则是符号表征，虽然载体不同，但内在结构却一样。最后的"立体"，体现在学习的进程中，因为有通道的多元、结构的多样，使形成的知识的过程不是线性的，也不是平面的，而是多维度、多向度的。这也正是"借形·理解"助力学生数学概念形成的意义所在。

3. 动态·比较：系统思维导引下的图形整体认知

静态观察、单独认识当然是数学学习的一种基本方式，但运动中学习数学则更能够帮助学生系统建构数学知识，有利于形成整体思维、系统思维。直观想象作为一种数学学习素养，便蕴含着动静结合的价值。典型例子如"点动成线，线动成面，面动成体"，由此我们很容易认识到，点、线、面、体之间的关系，还可以体会到图形认识离不开对图形基本要素的把握。

直观想象中的"动态·比较"学习路径的核心是基于动态的变化，通过比较把握数学知识中"变"与"不变"的实质。过程中，一般表现为两种形式：一是研究对象整体的运动，二是研究对象某些要素的运动。当然，不管哪一类运动，都会有图形的形态变化吸引学习者作深入的学习与研究。比如第一学段中的"认识立体图形"，学生便是在观察基础上，借助操作活动，结合运动特征，对立体图形的一些要素有感性认知，如长方体、正方体、三棱柱等几何体的面是平的，可以在一个平面上做平移运动；而圆柱与球可以在平面上滚动，从而感受到圆柱有一个曲面，而球则是曲面图形。这样的操作比较活动不仅使学生初步认识了长方体、正方体、圆柱等立体图形，还能够体会到这些立体图形间的不同之处。这样的动态属于前者。

而研究对象的某些要素的运动带来的变化比较，同样是数学学习与研究的重要方式，在小学数学内容的学习中，也比较常见。如上文在直观想象水平三中所举的平面图形面积计算公式间的关系，即是利用动点规律，沟通了几种图形面积计算间的联系，为学生从整体上认识图形面积，掌握面积计算方法提供帮助。

4. 转化·构模：指向于数学问题解决的策略探索

想象是数学知识学习的重要方法之一，特别是在图形与几何内容的学习中，更不可缺。学生空间观念的发展离不开想象。当然，数学学习中的想象一般与数学学习的基本方法整合在一起应用，比如转化，比如构模等。"转化·构模"作为直观想象在解决数学问题时的策略，过程中更加注重"形的变化"与"模的建构"，以形成相应的问题解决基本方法与相关的数学基本活动经验。实践中，可以运用于不同领域内容的学习，也表现为两种不同层次的策略水平：一种为思维模型，表现为动态的、过程性的；还有一种为形式模型，表现为工具化的、结果性的。无论是哪一种模型，其构建的目的均指向于数学问题的解决。

"转化"的思维模型可以表述为思考问题的过程模型，即我们平时经常会说的化归的思想。有化难为易，化繁为简，化新为旧。现从直观想象的意义上来看，这种转化的过程，一般通过图形的运动变化来实现。如平面图形的面积计算方法的探索，图形特征的认识与性质的理解等。

"转化"的形式模型更多为简约的、结构化了的法则、公式等求解典型问题的工具。模型的获取很多会在典型问题的探索过程中实现，目的在于求得模型后，为解决相似问题提供帮助。比如前文谈到的"植树问题"的学习，即可通过例题学习初步梳理植树问题的三种结构（两端都种、一端种一端不种、两端都不种），明晰不同植树问题的结构特点，从而探索形成相应的解决策略。

第8课 报告类论文

一、什么是报告类论文

这里的报告，指的是基于课题研究的研究报告或成果报告，是一种研究成果呈现的文本表达方式。课题研究报告或成果报告都有相应的格式。比如研究报告一般由以下几个部分构成。

第一部分：问题的提出，有的也写作"课题研究的背景及意义"，主要阐述的是研究的缘由。

第二部分：课题研究的理性思辨，包括理论概念与核心概念的界定。

第三部分：课题研究的内容及策略，包括研究框架设计、方法与过程的说明。

第四部分：课题研究的成效，包括研究结果或结论。

第五部分：进一步思考的问题。

而成果报告在呈现时，一般要求写出四个部分。

第一部分："问题的提出"，需阐明针对什么问题进行改革与实践探索，以及为什么进行这一改革与实践探索。

第二部分："解决问题的过程与方法"，需说明怎样进行改革与实践探索的。

第三部分："成果的主要内容"，需说明经过实践检验后形成的问题解决方案（主要观点、措施、方法、模式、模型等）。

第四部分："效果与反思"，需说明成果取得了怎样的实践效果，还有哪些不足，以及需要进一步探索的问题等。

报告类论文，即是以课题研究为基础，聚焦课题研究核心内容，呈现研究成果或阶段性成果的论文写作形式。前一课中，最后提出的以课题研究主体部分提炼的思辨类论文，也可以理解为报告类论文的一种表达形式。

二、报告类论文的特点及其写作意义

与课例类论文、经验类论文与思辨类论文相比，报告类论文能够充分体现教师"做"研究的特点，也能表明有深度的实践与研究是写出好论文的基础。换句话说，对于一线教师而言，好论文应该是"做"出来的，报告类论文正是教师有深度的实践与高质量的研究成果的综合表达。以下结合实例谈谈报告类论文的特点及其写作意义。

1. 注重研究设计

报告类论文写作是基于实践的研究或课题研究的。研究设计也是课题研究的基本要素之一。研究设计即研究框架的搭建与思路的确定，包括提出研究假设、选择研究对象、明确研究变量、确定研究方法等。以课题研究为基础的报告类论文写作时，一般将研究设计作为一个重要的板块加以呈现。

我们来看一个例子，发表在《全球教育展望》2022年第7期上的《素养视角下中美数学项目驱动性问题设计的比较研究》[①]一文。这篇论文是典型的研究报告式的论文。文章由五个部分构成：问题的提出、分析框架、研究设计、研究结果、结论与讨论。其中的"分析框架"与"研究设计"，是研究者针对研究主题开展研究的基础。"分析框架"首先探讨了数学素养的本质及其培育的基本路径，还阐明了与"问题情境"间的关系，基于此提出了

---

① 夏雪梅, 刘潇. 素养视角下中美数学项目驱动性问题设计的比较研究 [J]. 全球教育展望，2022 (7): 45–61.

包括问题的真实性、问题情境的多样性、问题引发学生知识综合或概念化的程度、问题的挑战性与问题的设置，需要学生同时调用跨学科素养等五个方面的"数学素养视角下的驱动性问题分析框架"。"研究设计"则是谈了"案例来源与筛选""形成案例编码表"与"编码过程"。

从以上内容，我们可以清楚地知道，本课题"具体想研究什么"和"怎样研究"两项重要的内容。后面的"研究结果"与"结论与讨论"都应该基于此才是有意义的。因此，我们说，"研究设计"在以课题研究为基础的报告类论文中有着重要的作用。

2. 呈现研究过程

在实践研究基础上提炼写作的报告类论文，关注解决问题的过程与方法的梳理，表明研究过程的扎实。事实上，一个课题研究一般需要一定的时间进行实践研究，才有可能取得预期的研究成效。有时候是一年，有些课题需要两年，还有一些实践性的项目，可能需要更长的时间，才会形成相应的研究成果。实践也表明，研究过程的设计与推进，研究方法的选取与应用，都会影响到研究成果的质量，也肯定会影响到以成果总结整理为目的的报告类论文的质量。因此，有些研究成果在以论文形式呈现时，将解决问题的过程与方法作为其中重要的一个板块加以呈现。

如获得浙江省教学成果特等奖的研究成果，在以《培育科学素养：初中综合科学课程建设的浙江探索》[①]为题发表时，第二板块的内容写的就是"解决问题的过程与方法"。具体作了如下的表述：

阶段一：顺应课程发展趋势，探索课程的综合化，建设以"人与自然关系"为中心的科学课程。

阶段二：遵循国家课程方案，探索课程融合方式，建设以"科学的统一性"为中心的科学课程。

---

① 王耀村.培育科学素养：初中综合科学课程建设的浙江探索[J].全球教育展望，2021（12）：115-128.

阶段三：凸显课程育人价值，探索科学本质教育，建设以"发展核心素养"为中心的科学课程。

同时，结合不同阶段的阐述，将各个阶段所采用的研究方法、推进策略以及形成的阶段性成果也作了一定的梳理，过程中特别阐明了相关的"标志性成果"。比如在第一阶段，研制了"教学指导纲要"，编制了配套的教材，出版了《初中综合理科的理论与实践》《科学课程论》等专著；第二阶段形成了推进路径，修订了教材，出版了《初中科学教学案例专题研究》《浙江省中小学学科教学建议"案例解读"（初中科学）》等专集；第三阶段则是形成了教学范式，出版了"促进科学本质理解的科学教学丛书"等。

在基于成果提炼的论文写作中，有了"过程与方法"的呈现，表明了研究成果形成的实践支撑，典型地体现了成果是"做"出来的理念，高质量的论文是扎实研究基础上的产物。

3. 表明研究结果

"研究结果"表达的意思即为，通过研究之后，到底获得了什么。包括研究主体认识上的获得、行动上的成长，还有可能是研究客体对象的变化，等等。报告类论文的本质是研究报告或成果报告。因此，需要呈现相应的研究结果，以表明研究最终的收获。课题研究一般以"研究结果""结论与启示（讨论）"来呈现研究收获，教学实践研究的成果一般以"成果"或"效果"来表达研究的收获。

如前文谈到的《素养视角下中美数学项目驱动性问题设计的比较研究》一文，是结合了"分析框架"的五个方面对研究结果进行了分析，最终给出了四个方面的"结论与讨论"。而《培育科学素养：初中综合科学课程建设的浙江探索》一文，则是以"成果的主要内容与创新"为题，作为一个板块重点谈了理论贡献与实践样态两个方面的成果。这里的理论贡献，主要针对"科学本质"的认识与综合科学课程框架、内容建设来谈的；实践样态则是以教材、教学模式、考试评价体系以及教师培养机制来讲的。

无论是以课题研究为基础的论文写作，还是以教学实践研究的成果表达为基础的论文写作，两篇典型的报告类论文，均完整呈现了研究的全过程，整体展示了研究的成果，这也是报告类论文的基本特点。

三、报告类论文的写作样式

从研究成果的文本总结样式来看，一般有四种，即研究报告（结题报告）、成果报告、科研论文与专著等。这里讲的前三种就是本文所说的报告类论文，也是一线教师经常会接触到的写作样式。现就这三种样式，结合一些实例作简要说明。

样式1：研究报告

研究报告一般用于研究课题的结题，所以也可称之为结题报告。在本文的开头已经呈现了一份完整的研究报告的基本内容，即问题的提出、理性思辨、研究内容及方法、研究成效，或者在最后加一部分"进一步思考的问题"。这几个部分中，"问题的提出"有时候写成"研究缘由"或者"研究的背景及意义"，意思稍有不同。"问题的提出"重点落在"问题"上，即需要对研究的问题进行梳理、明晰、聚焦；相对来说，"研究缘由"或"研究的背景"的定位，可以更为宽泛些，可以是针对某个问题，但不一定聚焦某个问题，而是针对一种新理念的落地，或一种新教学法的实践探索等。

前文谈到的研究报告《素养视角下中美数学项目驱动性问题设计的比较研究》中，以"问题的提出"来定位，作者在分析了中美两国数学课堂中项目化学习驱动性问题的差异后，最后聚焦在了"在目前素养教育的大环境下，数学项目中什么样的驱动性问题才能指向素养"这一核心问题，并由此进行相关研究。

《中小学生电子产品过度使用的调查研究》[①]一文中，则基于"研究背景"分析提出了相关研究。在"研究背景"的阐述中，有两个点值得关注：一是电子产品的普遍使用已经成了一种客观事实，但在使用中存在着问题；二是教育部的"紧急通知"与"健康中国行动"方案的要求。因为有了相关研究背景作支撑，所以此研究有意义。

事实上，研究报告的最大特点就是"研究味""设计味"。因此，在以上提到的两份研究报告中，对于"研究设计"都作了重点说明。前者前文已作介绍，这里不再解释；后者从概念界定、研究思路、工具开发、研究对象及数据处理等五个方面作了说明，阐明了"如何研究"的问题。在此基础上，对"研究结果"进行分析，最后给出"讨论建议"。

样式2：成果报告

顾名思义，成果报告就是一份总结表达成果的报告。教育教学成果报告便是一份总结提炼教育教学成果的报告。成果报告可以是一项课题研究之后形成的研究成果报告，也可以是一个项目通过实践探索之后形成的项目成果报告。成果报告表征的是成果。因此，与研究报告有联系，也有区别。联系主要表现为，成果也是通过研究实践形成的，也会有"研究缘由"或"问题提出"，有成效的分析等。区别在于，成果报告更重"过程与方法"的梳理、提炼，重成果内容的表达。

《大数据时代小学数学精准教学评的整体优化》[②]一文，是2018年基础教育国家级教学成果二等奖项目的核心内容。作者在"问题的提出""解决问题的过程与方法"之后，谈了"主要成果"。具体呈现了四个方面的成果：

成果1：凝练信息技术与学科融合的"三性原则"，丰富教育技术理论的内涵。

成果2：形成积件精品资源库，为数学教学提供新选择。

---

① 温暖.中小学生电子产品过度使用的调查研究 [J].上海教育科研，2023（2）：37—42.
② 唐彩斌.大数据时代小学数学精准教学评的整体优化 [J].全球教育展望，2021（6）：95—104.

成果3：创建大数据监测平台，为科学评价提供新依据。

成果4：集成在线学习系统，为未来学习样式提供新模型。

这也是本文的主体部分，显示了本教学成果的核心内容。

《从小热爱劳动：小学生新劳动教育的实践探索》[①]一文，则是2022年基础教育国家级教学成果二等奖项目的核心内容，在"成果的主要内容和创新"板块谈了"理论贡献"与实践创新成果。其理论贡献主要体现在对劳动教育内涵的"新界定"及形成了"小学新劳动教育体系"；实践成果则有围绕"新劳动教育"编制了实施纲要，创建课程体系（包括专门化课程、融合化课程、项目化课程与综合化课程），提炼指导方式，创建基地平台，探索评价体系；建设了学校、家庭、社会三位一体的新劳动教育共同体。

由上可知，与研究报告突出"研究设计"基础上的成果提炼与成效分析相比，成果报告更重视实践探索的过程与方法，并且关注"成果本身"的提炼与表达。这也是成果提炼的报告类论文的特点。

样式3：科研论文

科研论文可以看成课题研究或教学成果的一个重要组成部分，有时候是最核心的成果。因此，相对于课例类论文、经验类论文，更偏重于概念解构与思辨的成分，与思辨类论文相比，则又有研究实践作支撑，更接近于成果的表达。但与研究报告和成果报告相比，对于成效部分的分析相对淡化，有时候甚至不作板块式呈现，只是渗透在实践展开中。科研论文一般应体现三个基本特质：一是基于实践问题的思考；二是有一定的研究框架；三是论证过程有实践的痕迹。可以这么说，科研论文是研究报告的浓缩，或是核心成果的表达。因此，体现在文本表述中，一般由以下几个部分构成。

第一部分：提出研究问题（或研究的背景与意义阐述）；

第二部分：解决此问题的基本研究思路（或研究框架）；

---

① 章振乐，戴君，夏建筠，等. 从小热爱劳动：小学生新劳动教育的实践探索[J]. 全球教育展望，2022（7）：76-92.

第三部分：论证问题解决的实践过程及效果（或解决问题的策略与成效）。

如就"小学高年级学生'预学—后导'课堂教学实践探索"这一课题研究的成果以《论"预学"的实践意义与小学数学课堂教学变革》[①]为题，总结课题研究的成果，写成的科研论文的结构框架是这样的：

题目：论"预学"的实践意义与小学数学课堂教学变革

摘要：（略）

引言：在教学实践中，教师运用"预学—后教"组织课堂教学时，存在着诸如"预学"目标不清，方式单一，有时甚至只是一种习题前置式的练习，从而造成"后教"过程缺乏针对性，课堂教学效率反而低下等问题。这显然与教师对"预学"的价值认识不足、缺乏设计有关。笔者现结合自身在小学数学课堂教学中的实践，就这个问题作一些分析与思考。

正文：

一、"预学"的含义及实践意义

二、小学数学课堂教学中"预学"设计要点

三、基于"预学"的课堂教学变革要点

结论："预学"的实施，客观上把学习理解新知留给学生，由学生自主尝试，为学生创造一个独立的学习空间，实践中则又需要教师通过课堂教学结构的改变，教学组织形式的调整，充分调动学生的主观能动性，发挥学生的主体作用，最终改革课堂教学模式，提高课堂教学效率。

参考文献（略）

由以上样例的基本结构可看出，科研论文也是深度研究的产物。因此，对于教师来说，科研论文的写作也是相当有意义的学术成果表达的重要方式，高质量的科研论文也是教师专业水平的体现。

---

① 费岭峰.论"预学"的实践意义与小学数学课堂教学变革[J].基础教育研究，2016（1）：9-12.

四、报告类论文的写作要点

1. 回到方案看成果

有深度的研究与实践，规划特别重要。报告类论文基于研究的成果提炼与表达，因此，对于成果表达是否准确、恰当，均需要通过研究方案或实践规划做一定的检视。换言之，即从"研究设计"去看成果提炼的质量。

当然，成果提炼与方案之间并不是简单的一致，而是一个相对统一的关系。一般来说，一项研究从提出到方案制订，再到研究实践，最后提炼成果，存在着时间差。这个时间差有时是一年，有时会更长。这个过程中，因为经验的积累丰富了，认识水平提升了，研究者对主题的理解更透彻了，然后实践的经验也更丰富了，成果提炼也自然会更有深度。这也是研究者所希望看到的。但这不等于研究者在总结研究成果时，抛开研究方案完全不顾。事实上，有质量的研究一般都会在研究设计框架之内作成果提炼的。

前文谈到的《素养视角下中美数学项目驱动性问题设计的比较研究》一文中，因为有前期的分析框架，所以在研究之后对"研究结果"的分析，仍然围绕这五个方面进行数据解读与分析，从而让研究真正体现从"假设"走向"实证"的本质特点，看到研究之后的真实结果。

2. 聚焦主题构框架

作为一项有主题的研究，一般来说需要架构研究的整体框架。因此，报告类论文写作时，也会将研究的整体框架呈现出来，以供读者对研究成果有一个整体把握。当然，在写作时，研究的框架可以有几种不同的表征方式。课题研究报告中的"研究设计"也就有了研究框架的意味了；有的以"分析框架"的形式作整体呈现，前文谈到的"驱动性问题设计的比较研究"即是；还有的则是呈现了研究内容的整体框架。

这里举另外一个例子。《语文核心素养中"文化传承与理解"评价指标体系建构的实证研究》[①]一文是省级课题"高中生语文核心素养评价指标建构研究"的成果之一。文中将课题研究的整体设计以"技术路线图"的方式作了呈现（见下图），此图也正是文章主体各板块内容的结构化呈现。除了以图式来构架研究框架之外，论文主体内容框架也可以通过表格或文字来表述。

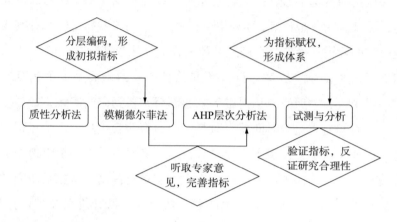

3. 善用图表呈结构

用图表来表达研究成果内容间的关系、路径与方法，也是一种比较常见而有效的方式，也经常会被教师用于报告类论文的写作中。

我们先来看一张图。

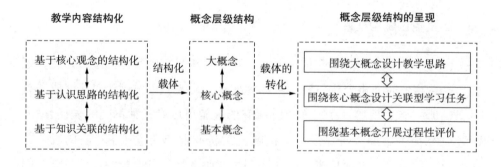

[①] 范晓东，杨帆. 语文核心素养中"文化传承与理解"评价指标体系建构的实证研究[J]. 课程·教材·教法，2023（6）：75-82.

上图是《基于学科理解的化学教学策略研究》[①]一文中表达"基于概念层级结构的结构化模型"的图。从图中，我们可以看到，概念层级结构中的"大概念""核心概念""基本概念"其实是教学内容结构化的载体，分别表征的是"基于核心观念的结构化""基于认识思路的结构化""基于知识关联的结构化"；最终又通过载体的转化分别以"围绕大概念设计教学思路""围绕核心概念设计关联型学习任务""围绕基本概念开展过程性评价"。此图既是研究内容的抽象提炼，同时也是后续围绕课题进行教学实践尝试时的依据。这从文章所举的例子"最简单的有机化合物——甲烷"的教学设计中可以看出。

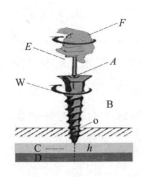

写作中，图表的选择也是有一定的区别的。一般来说，表格表征的是多维要素的结构关系。比如命题研究中的双向细目表，数据呈现时的二维、三维关系表等。而图更适合于表征线性流程或链式结构（如上"技术路线图"），当然也可以表征多元结构（如上"结构化模型图"）。还可以用直观事物的"物象图"来表征研究对象的结构特征的。比如在表征深度教研的一种"螺钉模型"时，作者便采用了一枚"螺丝钉"图（如左图）表达，并在各个部分标注相关字母加以解释。这样的图示，直观形象地表达了此种深度教研的"深"的含义和结构。

最后想说，图表的选取与想表达的目的相关，简约、直观、形象是基本的原则。

4. 结果表达重实证

报告类论文相比于前面三种类型的论文，更重研究结果的分析。因为是研究后的产物，需要有研究的结论。而研究结论的得出需要通过相关数据或

[①] 张笑言，郑长龙.基于学科理解的化学教学策略研究[J].课程·教材·教法，2023（12）：124-130.

案例的解读与分析，有实证更具说服力，更易于学习者接受并迁移应用。因此，努力写好研究结果，也是报告类论文写作者需要考虑的问题。

当然，对于教师而言，研究结果实证分析一般有两种方式：一是数据表征，二是案例表征。数据表征一般用于研究报告或成果报告，比如前面谈到的那些例子中，几乎均有相关的数据表征。如《培育科学素养：初中综合科学课程建设的浙江探索》一文中，在成效部分引用了"2018年浙江省学生PISA科学素养测评表现"的数据，作为本教学成果效度的印证。成果《大数据时代小学数学精准教学评的整体优化》则以"使用信息技术支持数学学习的对照实验"数据作为研究对象素养变化的印证。

案例表征的实证方式一般用于科研论文的成效表达中，且很多时候是不单列章节，而是融合在策略、路径的阐述过程之中的。如《论"预学"的实践意义与小学数学课堂教学变革》一文中，在文章的第三部分"基于'预学'的课堂教学变革要点"，结合"流程"说明与"关键环节"把握，介绍了多个案例，这些案例均为实践的产物，也是被实践印证为有效的教学设计。对于教师而言，在论文写作中，关于实践效果的表述，案例表征式的实证方式同样重要。

论文示例四

系统思维下的学校教学常规"发生式"管理探索*

[摘　要] "发生式"管理是基于发生学原理在教学管理中应用的思考与实践。系统思维下的教学"发生式"管理重视管理者思维方式与思考问题角度的转变,其重过程、重经验、重群体、重发展的理念与行动,对提升现代学校管理效能有着重要的意义。实践中,从实践基础、操作要点与基本结构等方面探索组块探究式、问题解决式、团队协同式与品牌培育式等发生式管理的具体方式。

[关键词] 教学管理;常规管理;系统思维;"发生式"管理

2019年6月,中共中央国务院出台的《关于深化教育教学改革全面提高义务教育质量的意见》中再次提出了要加强学校的教学管理,"学校要健全教学管理规程,统筹制订教学计划";学校教学管理者"应经常深入课堂听课、参与教研、指导教学,努力提高教育教学领导力"。强调学校教学管理者的教育教学领导力,不是指简单的制定规章,颁布制度,而是需要在管理思想的现代化、管理目标的全面性与管理行动的全程性上得到体现。从现如今学校的管理状况来看,许多新生代的年轻教师踏上了学校的教学管理岗位,他们有朝气、有魄

---

*　此文发表于《基础教育课程》2022年第13期,作者为本书著者费岭峰。发表时题为"学校教学常规'发生式'管理",选入时略有调整。

力、有学力、有行动力,但缺乏较为系统的教学管理经验,特别是在学校的教学常规管理中时常表现出散点思维、短期思维为主的管理行为,系统思考和行为创造力不足,造成他们在学校教学常规管理行动中表现出"琐碎有余、整体规划不足",致使出现教学常规的价值定位过低、视野过窄、方式单一等问题。

一、系统思维下的学校教学常规"发生式"管理的意义

"发生式"管理是基于发生学原理在教学管理中应用的思考,研究的是教学管理事件"发生的源头和发展的内在机理",对管理对象"以发展的视野,进行动态性的、系统化的考察"①,在此基础上提升管理效能。系统思维下的教学常规"发生式"管理是从教育教学整体背景下定位教学常规管理的功能与行动,并充分认同教师们的实践经验与教学管理设计的影响,采用校本、组本、师本研修等实践活动聚焦问题解决,从整体上提升教学管理质量的同时,提升教育教学的质量。与传统教学常规管理相比,系统思维下的教学常规"发生式"管理需要在理念、内容与行动上进行转型,需要从传统的管理理念向现代化学校教学管理理念转变,需要从传统的重结果、重缺点、重个体、重评定的维度向重过程、重经验、重群体、重发展的维度转变。这种转变对提升现代学校管理效能有着重要的意义。

二、系统思维下的学校教学常规"发生式"管理的实践模型

系统思维下的教学常规"发生式"管理,重视管理者思维的方式,思考问题的角度,以及关注管理实践的发生方式。其实践模型构造如图1所示。

模型中,左边一列强调的是系统思维的具体表现形式。系统思维的本质即是对事物的全面考量,即"是把想要达到的结果、实现该结果的过程、过程优化以及对未来的影响等一系列问题作为一个整体系统进行研究"②,过程

---

① 刘在洲,李小平.大学科研育人的发生学分析[J].现代大学教育,2020(5):1-7.
② 王世民.思维力:高效的系统思维[M].北京:电子工业出版社,2017:13-15.

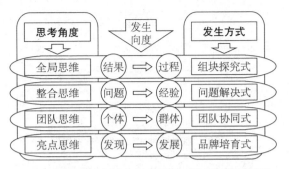

图1 系统思维下的教学常规"发生式"管理实践模型

中体现出整体把握、结构分析、动态思辨、综合推动等特点。

向度本就是指一种方向,从多方位、多角度、多层次的丰富性上朝着某个方向发展。框架中间这一列"发生向度",指的是教学常规"发生式"管理的发生向度,即基于系统思维考量的管理行动发生的起点与终点,突出了"发生式"管理的过程性特征。

右边一列即为"发生式"管理的具体方式。基于不同的思维,结合不同的向度,提出了四种不同的"发生方式",细化了"发生式"管理的操作路径。

三、系统思维下的学校教学常规"发生式"管理的设计

以下从教学常规"发生式"管理的各类方式的含义、实践基础、核心要点、基本结构与注意点等方面,就其实践过程具体加以说明。

1. 组块探究式:全局思维下由"结果定位"向"过程体验"转变

"组块探究式"的发生管理,即是将分散的管理视点统整成整体的管理视点的过程,其发生点一般是指群体中产生的,涉及教学常规甚至常规以外的多个管理维度产生的现象(可以是某些问题,也可以是一些经验)。其管理过程的展开一般是从"群体现象"的整理到"群体赋能"的过程(图2)。

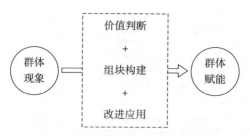

图2 "组块探究式"发生管理模型

在组块探究式管理实践中,着重把握以下要点:

(1)实践基础:对教学常规管理事件的意义及价值作出判断。具体表现为对教学管理行动的定位、管理事件中产生的问题、是否承载着助力管理目标实现的价值等进行思辨。

(2)核心要点:对在管理行动中生成的有价值的管理事件,能够纳入到全局进行思考,找到深入探究的突破口,指向于为教师群体解决实践问题,或提升专业素养服务。

(3)基本流程:"六步三阶"。

所谓"六步",就是指操作过程中的六个步骤,即:事件整理—价值评判—纳入整体—构建组块—组织探讨—改进验证。

"三阶",即为三个阶段,也体现了三个层次。第一阶段,事件的价值评判,也就是六步中的前两步;第二阶段,组块的构建,就是六步中的中间两步,也是极为重要的两步,需要从教学管理的整体上构建相应的组块;第三阶段,研讨改进并应用,也就是最后两步,这也是组块探究式管理的最终目的,即通过管理改进教学常规的实践。

具体示例:备课管理中的"组块探究式"管理设计。

阶 段	管理事件:纸质文本备课与课本直接备课的结合		方 式
第一阶段	事件整理	价值判断	观察 研讨 应用
第二阶段	与教学一并分析与思考	设计+实践	
第三阶段	研讨分析	找到适宜对象的备课方案	
结论	形成备课方式改进的管理思路		

（4）组块探究式管理实施的注意点。

从学校教学管理来看，一位具有全局思维的教学管理者，一般应具备强烈的目标意识、整体意识和规划意识，从而带领全校师生朝着一个清晰的方向前进，实现学校教育价值最大化。组块探究式管理实施时，需要强化这三种意识。

2. 问题解决式：整合思维下由"问题生发"向"经验应用"转变

"问题解决式"发生管理是因教学常规管理中个体教学管理问题的产生提出的，即结合在个体行为中产生的问题，通过寻找解决问题的方法策略，并最终将问题顺利解决的管理过程。其发生点是个体教学实践中存在的问题，通过教学管理者与问题产生主体间的联合行动，最终将问题解决。其管理过程的展开一般是从"个体问题"的整理到"个体发展"的过程（图3）。

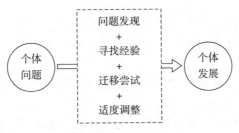

图3 "问题解决式"发生管理模型

在问题解决式管理实践中，着重把握以下几点：

（1）实践基础：针对教学常规管理中发现的问题，管理者与管理对象合力寻找相关成功的经验，用以改进相关问题。

（2）核心要点：发现的问题具有一定的普遍意义，改进问题的过程也正是引导教师扎实教学管理的过程。

（3）基本流程："四步"内化。

所谓"四步"内化，也就是从"问题生发"到"经验应用"的过程：问题发现—寻找经验—迁移尝试—适度调整。在这四步中，经验的尝试与调整，也就是实践者方法策略内化的过程。

具体示例：作业管理中的"问题解决式"管理设计。

阶　　段		管理事件：家庭作业的质量管理	方　　式
第一步	问题发现	新教师在家庭作业的批改中存在的问题	展示 评议 实践
第二步	寻找经验	学校中家庭作业评改有效经验	
第三步	迁移尝试	新教师的学习与尝试应用	
第四步	适度调整	过程中作出调整，为自己所用	
结论：形成家庭作业设计与评改的有效方法			

（4）问题解决式管理实施的注意点。

作为一名学校教学管理者，在落实各项工作的同时，也要明晰这些工作的"最高目的"，对教师教学实践中出现的问题，借助整合思维，通过项目整合、活动联合以及大小结合等方式，将教师卷入到思考问题与解决问题的过程中来，在参与活动的过程中实现专业能力的提升。

3. 团队协同式：团队思维下由"个体关注"向"群体共享"转变

"团队协同式"发生管理的起点是个体在实践中产生的各种问题，终点是群体赋能，是一种基于共性问题解决的管理方式。具体而言，即以团队的力量（如教研组或课题组）来解决个人教学实践问题，其发生点是散落在多个管理对象（个体）中的实践问题，通过整理提炼后成为一个团队共同面对的问题，然后在管理者的协调组织下共同解决这些问题。其管理过程的展开一般是从"个体问题"的解决到"群体赋能"的过程（图4），这是一个"聚合"的过程。

在团队协同式管理实践中，着重把握以下几点：

（1）实践基础：教学常规管理的视角由传统的注重个体水平向注重团队整体水平转变，基于个体问题分析走向团队共性问题的发现。

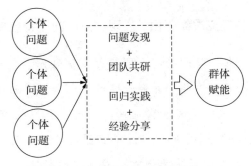

图4 "团队协同式"发生管理模型

（2）核心要点：关注团队中各成员的教学过程状况，梳理提炼出团队共性问题。

（3）基本流程："四步两段"。

这里的"四步"指：问题发现—团队共研—回归实践—经验分享。可分为两个阶段：第一阶段是团队共性问题发现后的共同研讨解决策略；第二阶段则是回归实践之后对于改进后的经验的分享。

具体示例：学生学业评价管理中的"团队协同式"管理设计。

阶　　段		管理事件：监测学习过程水平的评价设计	方　　式
第一步	问题发现	如何设计体现过程的测评题？	展示 评议 分享
第二步	团队共研	努力达成共识	
第三步	回归实践	实践中再尝试	
第四步	经验分享	分享各自实践的经验	
成效：生成监测学生学习过程水平的测评题设计经验			

（4）团队协同式管理实施的注意点。

团队协同式管理的核心要点是从个体到群体的发展。因此实践中，关注个体，思考个体问题只是起点，着眼群体、解决群体问题则是目标。对于教学管理者来说，组织领导力显得极为重要。

4. 品牌培育式：亮点思维下由"发现特点"向"特色建构"转变

"品牌培育式"发生管理的起点同样是个体实践，但着眼点在经验上，发展点则在经验的推广，即将个体经验通过管理者搭建的展示平台，应用影响、辐射、学用等方式让更多教师应用。因此，其发生点在于教师个体的经验，管理过程的展开一般是一个由"个体经验"的发现、提炼到"个体赋能"的过程（图5）。与"团队协同式"发生管理相比，这是一个亮点"发散"推广的过程。

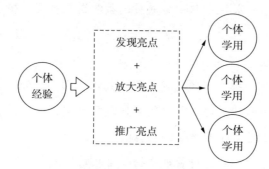

图5 "品牌培育式"发生管理模型

在品牌培育式管理实践中，着重把握以下几点：

（1）实践基础：学校教学管理者管理理念的定位更高，在关注教师教学实践问题的同时，有意识地发现成功的经验。

（2）核心要点：以发展的眼光审视教师们的日常工作，切实理解每一位教师都是在"工作中发展，发展中工作"的特点。重点在于挖掘经验，用好经验。

（3）基本流程："三步"推广。

"三步"指：发现亮点—放大亮点—推广亮点。发现亮点，指教学管理者捕捉教师个体或群体中产生的"正能量"行为。放大亮点，指将闪光点进行聚焦，以引起更大、更多的关注。当然，"更大"是着眼于亮点本身的正能量能发挥的作用而言的，"更多"是着眼于亮点的知晓面而言的。推广亮点，指在适当的时机，将教师在教学管理中的特长行为加以推广，以供其他教师借鉴，产生更大的效益。而这样一个过程，也正是培养特色教师、品牌教师的过程。

具体示例：课堂教学管理中的"导学单"设计与应用管理。

阶　段		管理事件：课堂"导学单"的设计与应用	方　式
第一步	发现亮点	三步式"导学单"设计	观察实践 总结经验 展示推广
第二步	放大亮点	借助学科研讨、全体教师大会，介绍三步式"导学单"的设计理念与应用策略	
第三步	推广亮点	各学科教师对已有设计的改进与应用	
成效：课堂"导学单"的样式呈现出多样性，更加关注学科本质			

（4）品牌培育式管理实施的注意点。

亮点即个性化的实践经验的关注，因此在管理行动中，善于用欣赏的眼光与发展的理念来观察教师的教学实践行为，注重激励与批评相结合、个体成长与群体发展相结合，突出教师个体经验带给教师群体实践改进的意义与价值。

思考与练习 3

综合近几年来杂志上发表的文章形式来看,适合于教师的论文写作形式,可以有课例类、经验类、思辨类、报告类等几种。

思考:这四类论文的区别是什么?

练习:

结合一项研究课题写作一篇教学论文。

建议 1:可聚焦课题研究的核心内容(或核心概念),写作"思辨类论文"。

建议 2:可聚焦课题研究的实践策略,结合实践,写作"案例类论文"。

建议 3:课题研究结题后,可结合结题报告,写作"报告类论文"。

建议 4:可结合课题研究的过程体验,写作"经验类论文"。

技术篇

教学论文写作时，当主题确定，甚至材料也有了之后，接下来便涉及技术层面的工作。如何做整体架构，涉及"谋篇布局"；用怎样的语言表达，涉及"遣词造句"。教师写作的高质量的教学论文，一般来说主题是有研究意义的，即与其教育教学工作有着密切关联，思考与解决的问题也是真实的。其他重要的影响因素，便是文章整体结构是否符合逻辑，语言文字表达是否准确、恰当，是否具有理性的美感。还有一点就是，文章是否遵循基本的学术规范，是否体现了学术研究的专业素养。本篇即围绕这些问题展开阐述。

第 9 课 如何整体架构一篇论文
——谈教学论文写作的谋篇布局

论文写作需要做好谋篇布局。所谓谋篇布局，是指写作者对所写文章的主旨及整体逻辑结构进行的思考。这是从论文写作时的整体构思而言的，考量的是一位写作者的大局观。

一、论文写作中谋篇布局存在的典型问题

实践中，教师写作论文时，在谋篇布局方面时常会出现一些问题。

问题一："谋篇"不到位，造成主题不清晰

写作一篇论文，选题特别重要。而当选题确定了之后，则需要对所选主题进行分析、解读，以准确把握主题的内涵、特征及所涉及的范围。然而实践中教师因为对主题的理解、内涵的把握不到位，造成主题不清晰，聚焦不够，整篇文章质量不高。

如有位老师写了这样一篇文章，题为《基于体验式教学下小学数学"量感"培养策略》。在写作第一条策略"从图形认识，培养学生的量感"时，我们读到的方法路径表述是这样的：

（一）结合实际情境，激发学生的学习兴趣，建立空间观念

（二）重视学生思维能力的培养，促进学生学习方式的转变

（三）利用现代教学手段，丰富课堂教学，优化教学效果

（四）让学生动手操作，自主进行探索

这里四条路径或方法中，除了第四条与主观点间有直接的关系之外（当然仍然不够清晰），其他三条均是笼统而又模糊的。这显然与写作者对主题的思考分析不到位相关。说穿了，可能作者自己都没有想清楚要写什么。

特级教师冯卫东在《今天怎样做教科研：写给中小学教师（第二版）》一书中也谈到了一个例子。一篇题为《数学后进生转化策略》的文章，第一点关于兴趣："1. 数学是一门具有科学性、严密性的抽象性学科，因此教学时应加强教学的直观性。2. 应加强教学语言的艺术应用，让教学生动、有趣。3. 应注重情感教育。"第二点关于习惯："1. 布置作业，注意难度控制。2. 注意启发教学方式的应用。3. 对后进生提出严格要求，督促他们认真学习。"[1]从这些内容来看，涉及的范围过于宽泛，对核心点"后进生转化"的方法策略描述过于模糊。显然，该篇文章的作者对于自己想研究什么，关键性策略有哪些，是不清楚的，继而造成内容过泛，主题不明了。

问题二："布局"出问题，致使逻辑有点乱

论文写作时的"布局"，即我们通常所说的写文章之前的搭框架、列提纲、理逻辑。框架混乱，则逻辑不明。反之，逻辑没理清，框架也会出问题。

我们来看《以图促思：几何直观在小学数学解决问题中的实践探索》这篇论文。此文的"一级标题"所呈现的提纲是：

一、激发内驱，培养作图意识

二、循序渐进，提升读图能力

三、多方运用，提升作图能力

---

[1] 冯卫东. 今天怎样做教科研：写给中小学教师（第二版）[M]. 北京：教育科学出版社，2012：41-42.

先不去管选题中的"以图促思""几何直观"间的关系，与"解决问题"间的关系是否需要厘清的问题，也不去分析几个标题自身要素之间的逻辑关系，而是从整体上看这三个标题所呈现的研究点之间的逻辑。先讲"作图"，接着讲"读图"，最后又讲"作图"，这样的表达显然不顺畅，我们需要思考：对于学生来说，数学学习中通过"图"来学习的过程，读图在先，还是作图为先？

仔细阅读文章，我们在第三部分"提升作图能力"中，读到了三个小点分别是：

1. 规定动作重要求，培养作图习惯
2. 自选动作重引导，培养作图意识
3. 取长补短重交流，丰富作图经验

有关于"作图习惯"的，有关于"作图经验"的，当然第二小点则又是"作图意识"的，显然与第一大点的"作图习惯"有了混淆，这里不仅需要作者厘清"作图意识"与"作图能力"之间的逻辑关系，其实还需要厘清"习惯""意识""经验"与能力间的关系。因为逻辑不清，有点乱，造成了文章的布局出现了问题。此类问题在教师的论文写作中，还是普遍存在的。

造成以上问题的原因，主要有两个方面：一是教师自身理论素养不足，对事物发生发展规律的认识不清楚，这就需要教师不断地学习，增强自身的理论素养，发展自己的专业水平；二是教师在论文写作的谋篇布局上经验不足，缺少整体架构论文逻辑框架的方法，这个方面是可以通过阅读与写作等实践体验，提升相应的"技术"水平的。

二、谋篇布局的基本方法

从教学论文的写作实践来看，对一篇文章进行整体的逻辑架构，可以有以下几种基本的方法。

1. 基于主题内在逻辑的解构

谋篇布局的起点在于"谋篇",即在对写作主题内涵的深度理解基础上作逻辑解构。"谋"即计谋,可引申为计划、规划。"谋"好的前提是对主题内涵有准确而又深刻的理解。

比如,在"2022年版课程方案"出台后,"加强课程综合,注重关联"成为教师们特别关注的点,特别对"跨学科主题"的"教与学"的研究成为一个"火热"的研究点。于是,围绕此主题的研究与写作也成了热点。此时,对同一个主题的不同维度的解构,也便能够写出不同特点的教学论文。

解构一:"跨学科主题学习"与"课程综合"的关系分析。这也是针对此主题的基础性分析之一。可以就"课程综合化"的意义、"跨学科主题学习"的特征,还有如何将两者建立起真正的联系,进行研究与写作。《对课程综合化与跨学科主题学习活动相结合的思考》[1]一文便是由此而写成的。我们来看整篇文章的结构:

一、"课程综合化"提出的背景
(一)从重视学科知识到重视学科素养
(二)从重视学科素养到培育综合素养
二、"跨学科主题学习活动"的基本特征
(一)学习目标定位的根本性
(二)学习内容涉猎的综合性
(三)学习过程历练的全程性
(四)学习成果表达的多样性
(五)学习经验积累的深刻性
三、"跨学科主题学习活动"是"课程综合化"的基本实践路径

---

[1] 费岭峰.对课程综合化与跨学科主题学习活动相结合的思考[J].江苏教育(中学教学),2023(11):7-11.

（一）唯有"跨学科"，才有可能实现"课程综合"

（二）以"课程综合化"为目的的"跨学科主题学习活动"的设计要点

整篇文章以"跨学科主题学习"与"课程综合"之间的关系为核心话题进行探讨，并提出了基本的实践路径。

解构二："跨学科主题教学"的价值、内容与基本策略。这是对此主题的又一种基础性的解构。有教师就以《跨学科主题教学：怎么跨，怎么教》[①]为题写作的教学论文，其基本的框架是这样的：

一、价值追问：为什么跨，为什么教

（一）构建融通的知识结构

（二）涵养做事的关键能力

（三）培育做人的必备品格和价值观

二、内容整合：跨什么，教什么

（一）选择什么主题

（二）跨向什么学科

（三）如何实现整合

三、过程方式：怎么跨，怎么教

（一）由教学主导跨，注重顶层设计和单元结构

（二）将知识变身跨，创设真实情境和驱动问题

（三）以任务推进跨，加强自主合作和持续实践

四、结果水平：教得如何，学得怎样

（一）教师的教学过程评价关注"让教于学"

（二）学生的学习过程评价注重"逆向设计"

此文除了第四部分是关于"跨学科主题教学"的评价思考之外，前三部分便是在围绕价值、内容与基本策略进行分析与探讨。

[①] 郭海娟.跨学科主题教学：怎么跨，怎么教[J].教育研究与评论，2023（5）：29–34.

解构三：由"跨学科主题学习"或"跨学科主题教学"延伸至其他的教育教学活动，比如在"课程综合"与"跨学科主题学习"基础上，如何对作业进行创新与改造，去研究跨学科特点的作业，如"跨学科项目化作业"。于是便有了《跨学科项目化作业如何避免"为跨而跨"》[①]这样的文章。此文主要由三个部分组成：

一、跨学科项目化作业设计的关键环节
二、跨学科项目化作业实施要发挥独特的育人价值
三、多元化评价方式为跨学科项目化作业"导航"

此文的基本结构便是围绕在跨学科主题学习的理念下，对如何设计跨学科项目化作业进行的研究与提炼，强调了"设计""育人价值发挥"与"评价"三个维度，突出具体操作的内容，有了实践的意义。这样的主题解构也不失为一种比较适合教师的方式。

2. 基于事件发生节点的架构

教师的论文写作，有时缘于某次的实践研修活动。作为一种事件，一般会有相应的发生发展节点。特别是在总结提炼一些案例式的论文时，时常会以事件发展的进程作为逻辑架构的思路。

先来看个例子:《依托导研工具，提升教研质量——一次以"导研稿"为载体的学科研修活动策划及实践思考》[②]。此文可以看作一篇"研例式"的论文，即以研修活动为案例提炼而成的教学论文（当然也可作一个案例）。文章的基本架构如下：

一、活动准备阶段，于"导"中熟悉核心内容
二、实践设计阶段，于"导"中关注引导策略

[①] 赵建康，李银江. 跨学科项目化作业如何避免"为跨而跨"[J]. 人民教育，2023（21）：73–74.
[②] 费岭峰. 怎么做教学管理——给教学管理者的35个建议[M]. 上海：华东师范大学出版社，2023：127–132.

三、活动实施阶段，于"导"中明晰实践效果

四、经验应用阶段，于"导"中落实活动成果

文章谈的主题是"导研稿"的应用，在文章的展开过程中，则是结合研修活动的四个阶段，分别基于"导研"的目的进行"导研稿"设计的内容及其应用，作了有深度的分析。这样的架构，很典型地体现了基于事件发生节点的逻辑架构的特点。当然，作些深度分析，此文的逻辑点有两个：一是研修活动本身有发生的先后顺序，因此基于事件发生的先后顺序，能够为教师或其他阅读者所接受与认可，也较容易理解；二是每个节点的活动，本身又具有相应的活动目标，依据目标进行"导研"设计，也是符合事件本身的逻辑的。当两个维度的逻辑结构都表达清晰时，文章的基本观点与叙述内容，读者理解起来也会比较容易了。

类似的文章还有《评・研・引・用：学校课堂教学评比模式创新——一次校级数学"优质课"评比活动的策划与实践思考》[1]，文章围绕活动背景、活动策划、活动实施与实践反思四个部分进行阐述，特别是活动实施阶段，又将"评・研・引・用"四个阶段的活动具体化，基本也是按事件发生发展的节点进行总结提炼的。

按照事件发生发展节点为逻辑架构基础的论文写作，最多会出现在课例类论文的写作中，一般有两种基本方式：一是围绕一节课的完整研究过程的表达而写的论文；二是基于多次研修而总结提炼的论文写作。

前者我们以《基于概念学习，超越概念认知——〈周长〉课前调查及教学实践思考》[2]为例来谈。此文从副标题即可看出文章的逻辑结构：课前调查＋设计思考＋教学实践＋课后反思。这也是课例研究常用的流程。文章也正是以这样的顺序进行梳理与总结的，呈现如下：

---

① 费岭峰.怎么做教学管理——给教学管理者的35个建议[M].上海：华东师范大学出版社，2023：78-82.

② 费岭峰.聚焦课堂教学———位小学数学特级教师的研课手记[M].上海：华东师范大学出版社，2022：167-173.

第一部分:"周长"到底是什么?学生已具有怎样的"周长"前概念?

第二部分:通过《周长》一课的学习,学生对"周长"概念的理解达到怎样的程度才是合理的?

第三部分:基于周长学习的活动,怎样组织才能既围绕教学核心,又有利于提升学生的数学思维?

后者我们以前文谈到的《让采访更有"理" 让交往更有"情"——五年级下册〈走进他们的童年岁月〉磨课思考》为例作点说明。文章在主题解释之后,呈现了两次执教的过程:"初教反思:'理'和'情'亟待融合""再次试教:让'理'和'情'自然融合"。

如同后者那样的研究,有时会出现连续三次,甚至是四次的实践研究,那么文章也可以将多次研修过程分别呈现出来。只要能够将每次实践解决或改进的问题清晰地表达即可。当然,在实际的研修中,有时候实际尝试的"次"与提炼成经验时的"次"不是同一个意思,提炼成文中的"次"更多含有"阶段"的意思,时常会把重复性的实践归并为一次;而实践尝试中的"次",是一个实际的数量。

3. 基于特定文本要求的创构

这里所讲的特定文本,是指研究报告、成果报告以及一些有特殊要求的征文(如案例征集)等。这些文本一般会有基本框架的要求。比如研究报告,一般由"问题的提出、研究的理性思考、研究内容及策略(研究设计)、研究结果(效果分析)、结论"等内容组成。此时,在大框架上基本没有什么可作调整的空间。实际写作时,则可以在两个方面结合研究内容进行适当的调整:一是大框架的微调,二是具体内容的变化。

前文在"报告类论文"一课中谈到的《素养视角下中美数学项目驱动性问题设计的比较研究》和《中小学生电子产品过度使用的调查研究》,两篇文章同样为研究报告,在具体展开时,大板块上也是稍有不同的。前者第二部分呈现了研究的"分析框架",而后者则是呈现了"研究综述"。而另外一篇发表于《全球教育展望》2023 年第 12 期上的题为《自然分材教学影响初中生学习自主性发展的实证研究》[①]的研究报告的整体框架又有所不同，其结构是："引言、理论基础、研究设计与方法、研究过程、研究结果与结论"。其实对于大框架的架构，在遵循研究报告、成果报告等一般结构要求的基础上，根据自身研究主题与研究过程的实际，作些微调也是可以的。

再来看"具体内容的变化"。这也是特定文本中具有创构可能的内容。仍以这三篇研究报告为例，结合"研究设计"部分，我们作些解读。

《素养视角下中美数学项目驱动性问题设计的比较研究》一文的"研究设计"由"案例来源与筛选"、"形成案例编码表"、"编码过程"说明等三部分组成。因为是"比较研究"，所以对收集到的数据进行筛选与编码。编码的过程也是确定分析比较的维度与指标，设计量化分析的工具。这也是本课题研究必须建构的内容。

《中小学生电子产品过度使用的调查研究》一文的"研究设计"部分由"概念界定、研究思路、工具开发、研究对象、数据处理"等五个部分组成。因为是"调查研究"，所以需要有相应的调查工具（即问卷与分析量规），当然也需要有研究对象的确定，最后还需要告知数据处理的工具。

《自然分材教学影响初中生学习自主性发展的实证研究》一文将"研究设计"与"研究方法"整合起来作为一个板块的内容呈现，分为"研究对象、研究变量、测量工具"三个部分阐述，因为是"实证研究"，因此对于"变量"的解释分析具化，"自变量：自然分材教学""因变量：学生学习自主性"。当然，在实践基础上对"因变量"的变化分析，又在"测量工具"中谈到了"工具"的来源及量规的设计。这些均以研究主题的特点，作了个性化的呈现。

[①] 柴军应，杜军.自然分材教学影响初中生学习自主性发展的实证研究[J].全球教育展望，2023（12）：109–119.

综观以上三篇报告类论文的结构，大框架基本相同的基础上，在具体内容的撰写时，均选择了体现自身研究特点的结构，呈现了相关研究内容。这也是报告类论文写作中"创构"的体现。

三、典型文本结构举隅

1. 递进式结构

含义及特点

递进式结构，即遵循问题研究的基本思路，将思考与实践的过程呈现出来。此种结构能够给读者清晰的逻辑演进的过程，其特点一般表现在两个维度上：过程性和层次性。

过程性主要是指事件发生发展的基本过程，即做这件事情我们的一般流程是怎样的，那么在文本呈现时，也以此流程为基础加以呈现。

层次性主要是指在做某件事情时，能够在程度上逐渐地加深，或体现为强度的提升，或表现为水平的提高等。

适用范围

一般适用于写作以事件演进为逻辑线索的文章。如研修案例或层级清晰的观点式论文。

范本举例

运算法则需要"立体"建构
——由《分数乘分数》教学引发的思考[①]

引　子

一、从"形式模仿"到"意义理解"究竟有多远？

二、"分数乘分数"算法探究的价值在哪里？

---

① 费岭峰. 运算法则需要"立体"建构——由《分数乘分数》教学引发的思考[J]. 小学教学设计（数学版），2012（8）：4-6.

三、学生自主探究"分数乘分数"算法可行吗？

四、教师如何引导学生实现自主探究"分数乘分数"算法的过程？

层次一：利用对具体情境中分数意义的解读，唤起学生对分数意义的认知经验。

层次二：引导学生探究算式的意义，沟通"运算意义"与"运算程序"之间的联系。

层次三：组织学生进行算法梳理，探究算法的本义，凸显算法探究与算理理解之间相互依存的关系。

五、实践后的再思考

此文共有六个部分组成，"引子"即以前测数据分析为依据，引出讨论的问题。接下来的五个部分，也正是对问题的思考与研究的过程记录。第一至第三部分从主题的逻辑上进行分析，由理论层面回归实践层面的思考；第四部分是基于前期思考基础上的设计与实践，因为有以上思考，所以会是这样来实践；第五部分是实践后的再思考，充实了一些后续练习中"习题"练习后的数据支撑。典型的以"递进式结构"来架构的一篇课例类论文，有过程性的体现，也有层次性的体现。

2. 并列式结构

含义及特点

并列式结构，即基于主题解构成的不同维度的要素，且要素间相互独立，不存在交叉。此种结构能够给读者多维度表征的逻辑感，其特点一般表现为：呈上性和独立性。

呈上性，这是从纵向上来讲的，即为下位的观点或要素，是主观点或主要素中的一个维度或角度。在解读或落实过程中，只对上位观点或要素产生作用。

独立性，这是从横向上来讲的，即下位的观点或要素间，不存在交互性。在解读或落实过程中，可以不受其他同位要素的影响。

适用范围

一般适用于写作以多样式呈现为特点的论文。如类似于《××"三式"（或"四模"等）研究》类的论文。

范本举例

小学高段数学复习微作业单的优化设计策略[①]

引　言

一、基于梳理维度设计复习微作业单——学会整理数学知识之法

1.思维导图式的复习微作业单——串点连线，构建知识网络

2.小档案式的复习微作业单——归类整理，厘清知识脉络

二、基于知识运用维度设计复习微作业单——提升学生应用知识之能

1.对比式复习微作业单——"比"中凸显解题方法的优化

2.探究式复习微作业单——"探"中感悟数学知识的神秘

3.实践式复习微作业单——"用"中体验数学知识的实用性

4.调查式复习微作业单——"查"中以数据警醒自己

三、基于"增值"维度设计复习微作业单——挖掘学生学习数学之内驱力

1."检测式"复习微作业单——学习动力增值

2."分析式"复习微作业单——学习效能增值

此文两个层次的分论点之间的关系都是并列的。先看一级标题的三种类型的复习单表达的是三个不同的意思：梳理、运用与增值，这三者间没有直接的交叉或包容关系，而是并列的。二级标题所述的复习单，同样也具有这样的特点。因此，本文是典型的以并列式结构来架构整体框架的论文。

[①] 陈霞芳.小学高段数学复习微作业单的优化设计策略[J].教学与管理（小学版），2022（3）：66-68.

3. 混合式结构

含义及特点

混合式结构是相对于以上两种结构而言的，即将以上两种结构混合起来架构文章的整体逻辑，既有根据研究进程的递进结构，又有某个论点下的并列结构。这种结构的论文更易于完整呈现研究成果。

适用范围

对于完整呈现研究成果的论文写作比较适用。

范本举例

学校教学常规"发生式"管理[①]

引　言

一、系统思维下的学校教学常规"发生式"管理的意义

二、系统思维下的学校教学常规"发生式"管理的实践模型

三、系统思维下的教学常规"发生式"管理的设计

1. 组块探究式：全局思维下由"结果定位"向"过程体验"转变
2. 问题解决式：整合思维下由"问题生发"向"经验应用"转变
3. 团队协同式：团队思维下由"个体关注"向"群体共享"转变
4. 品牌培育式：亮点思维下由"发现特点"向"特色建构"转变

此文可以算是一篇典型的混合式架构的论文了。从文章的三个一级标题来看，属于依据研究进程的呈现，思考意义、建构模型、管理设计（即实践）。在管理实践中，四种模型又属于并列式结构，分别对它们加以阐述。此种结构模式，也是教师做研究、写论文比较常用的模式。

---

① 费岭峰.学校教学常规"发生式"管理[J].基础教育课程，2022（13）：22-27.

第10课　如何用好语言文字
——谈教学论文写作中的遣词造句

前一课谈了论文写作的谋篇布局,这是从整体结构框架角度来谈的。本课谈谈写作时的遣词造句,即对论文写作如何用好语言文字的问题作些探讨。所谓遣词造句,直白的意思就是推敲文字与句子,体现在论文写作中,表现为深度思考表达目标基础上的对语言文字的推敲与应用。一位教师遣词造句能力的高低,其实反映的是教师对相应主题、问题思考的深度与语言文字的应用能力……

一、论文写作中遣词造句存在的典型问题

实践中,教师写作论文时,在遣词造句上时常会出现一些典型的问题。

问题一：过于追求新意,随意生造新词

我们知道,创新也应该是教育科研的功能之一。教学研究与论文写作也需要有新意。但在实践中,有一种趋势值得警惕,那便是"为创新而创新"。有些教师在研究选题或论文写作时,用"生造词"来突显研究的创新。

比如,有一位教师写了一篇题为《"三育涵养"提升小学高年级学生抗挫能力》的论文。我们来看文章第一部分的三个分论点：挖掘课程教育资源"明挫法"；设计能力实践活动"验挫法"；创新学校德育活动"战挫法"。先

不说这三个分论点中所说的要素间的关系是否能够成立，单就这里的"明挫法""验挫法"与"战挫法"，我们不作解释，读者一下子能理解指的是什么吗？而读了全文后，才似乎明白了"明挫"指的是对"挫折客观存在"的认识，完整的意思即为"在人的成长过程中，遇到挫折是难免的"；"验挫"则是指在专门含有挫折意味的活动中体验"面对挫折，战胜挫折"的过程，形成经验；而"战挫"是指在日常生活中，真的遇到挫折时，能够调整心态，认真面对，从而真正战胜挫折。

当我们理解了作者的意图之后，是否可以将这三点改成：通过课程资源认识挫折；结合专项训练体验抗挫；回归日常活动真实抗挫。这样的表达，虽然缺少了"法"的意味，但策略的意味仍然是有的。而且读者通过这三个标题也能比较清楚每一个板块要写的内容。另外，本篇文章中还出现了"智育""动育"与"心育"的说法，这里的"动育"又是一个作者生造的词语。我想，这样的文章读来让人晕头转向，不知所云。

问题二：过于追求工整，造成语意不清

语言表达的工整，也是一种美感。论文写作除了理性之美，当然也是可以追求语言的艺术之美的。因此，现在教师总结研究成果时，也会试图通过用工整的语言表述理性的成果，为研究论文增色添趣。只是实践中，教学论文写作过于追求工整，反而造成了语意模糊，这就有点本末倒置了。

《成长新空间：小学项目化学习"管理赋能"路径研究》一文中对实践成果进行了这样的总结：

启航新空间：外力性模仿学习"循级管理"赋能路径——构建"校本位"项目化学习学校管理制度。

领航新空间：支持性创意学习"循序管理"赋能路径——构建"生本位"项目化学习实施管理体系。

远航新空间：自主性创造学习"循环管理"赋能路径——构建"人本位"项目化学习持续发展模式。

从三句话的结构来看，对仗工整，而且也对"新空间"不同特点进行了归纳与提炼。但仔细推敲，这里的"循级""循序""循环"等描述管理的词是否都贴切呢？在阅读具体的文本内容后，我发现"循级"这个词是不合适的，是为了与下面两个"循"统一而硬造的。还有这三种空间的学习方式是否都具有相应的"循"的特点，也是值得深入思考的。总体来说，文本中所讲的三种以"循"为特色的管理赋能路径，均有贴标签之感，没有精准提炼相应的特色。

类似的问题在《知行合一：小学高段数学错题"地图增值"实践》中也出现了。此文在"行中知——素养生长的'经历地图'说错"这个部分，呈现了三种方式：链知识——添枝接叶录错表达；融方法——举一反三说错交流；生能力——迭代升级享错贯通。如果说，前两种逻辑是可以解释的话，那么第三种"享错"的表达便是不恰当的，是值得进一步推敲的。通过阅读文本之后发现，此种方式作者原意想表达的是"分享"，但"享错"这样的词，一则本身就是生造的词，不合适；二来也让词义影响了理解，有享受的意思了，倒不如改成"议错"更合适些。

问题三：缺少归纳提炼，不能直击本质

教师的论文写作中，与过于追求新意、工整相反的，则是另一个极端的问题，即缺少对研究过程中的策略方法进行提炼，仅仅描述了现象，造成不能对事物发生发展的本质进行揭示，使得经验无法得到更好的提炼。

如有位教师在写作《提升学困生数学学科关键能力的微项目设计与研究》这一成果论文时，对于策略部分的表达是这样的：

设计策略：筛选内容—设计模板—设计驱动性任务。
学习策略：信息阅读—几何直观—方法寻找—任务交流。

以上对策略的表达，更多只是停留于具体的做法描述，还远没有上升到"策略"水平的提炼。"碎片化"的点式表达，无法纳入到系统中去分析思考，只会降低研究成果的质量。若将设计策略的表达改成"多点融通"的项目设计策略，学习策略的表达改成"多维整合"的项目学习策略，"策略"的含义会更到位一些。这里的"多点"与"多维"是可以解构的，"融通"与"整合"也是需要思考不同的方式的。由此，将下位的方法纳入到相关的策略中，也便建构起策略模型了。

如"多点"，可以是知识点、思维点与素养点。融通的途径，可以是以知识点为核心融通思维与素养，可以是以素养点为核心融通知识与思维，当然也可以是以思维点为核心去融合其他两个点。于是，融通的方式就丰富了，适用的对象也就更明晰了。同样可以去思考、解构"多维"与"整合"。

事实上，教师论文写作时，适度、适当地归纳、提炼，也是对教育教学实践经验总结的基本要求。唯如此，才能更好地揭示事物发生发展的本质，利于经验的迁移、推广。

问题四：论述目标不明，主题揭示不够

这种问题也应该是教师论文写作中存在的普遍问题。许多教师的论文，基本框架有了，基本的逻辑结构也挺好，但在具体展开表述时，内容与主题不匹配，语言表述不精准，甚至游离于主题之外；还有的语言啰唆，不够精练，造成语义不清、意思偏离等。我们来看一个例子。

两位教师在整理写作《丰盈"植树问题"，发展模型意识》一文时，第一稿第一部分针对"基于模型建构的'植树问题'内容解读"这一内容是这样写的：

小学数学教材中，《植树问题》是一节比较典型的指向学生模型意识培养的课。只是，教学实践中，教师容易出现让学生记忆"两端都种、一端不种、两端都不种"的固定模式。事实上，通过教材的横向对比（表格略），我们认为植树问题的基本内涵其实就是"点段关系的模型建构"，即通过寻找点数与段数的关系，发现此类问题的解决模型，从而提升学生问题解决的能力。

"植树问题"是通过现实生活中一些常见的实际问题，让学生从中发现规律，建构数学模型，并应用这一模型解决生活中的实际问题。但综观"植树""公交车站""锯木""铃声"等情境，虽然都与"植树模型"相关联，不过我们也要问：学生在今后遇到如上情境，或类似"车站数量""爬楼梯""学生方阵人数"等情境时，是否都会将其与"植树模型"进行联系，并正确识别出模型，解决生活中的实际问题呢？显然，答案是否定的。所以，我们认为"植树问题"的学习基本目标依然是解决问题，核心是分析数量关系模型，并渗透"数形结合"的思想，充分调动学生多元表征，促进学生对数学模型理解与应用过程的深刻体验，形成数学活动经验。

以上文字对"植树问题"内容的解读较多，但与数学模型、模型意识联系的解读相对较弱。还有对知识发生发展与模型建构间的联系的分析不足。于是，后来对这一段文字进行了推敲修改，定稿为：

作为一节典型的数学模型建构内容，"植树问题"的教学目标可定位为：引导学生体验数学建模的过程，在感受"植树问题"模型的基础上，能够运用模型解决同类问题。不过，这样的目标定位很容易被理解为让学生记忆"两端都种、一端不种、两端都不种"等固定模式，导致学生出现"套用模式，死记公式"的问题。

横向比较不同版本的教材发现，在"植树问题"的基本内容的编写上，不同版本教材都较为突出"建构点段关系的数学模型"，且都在借助直观示意图，引导学习者感知"点数与段数的关系"，理解问题中所蕴含的数量关系，并在梳理关系的基础上建构起基本的数学模型。

从上表中（表格略）可以看出，人教版教材在研究"植树问题"的三种情况时采用了同一个情境；上海版教材则是用了两种不同的情境；苏教版教材则是引入了更为丰富的情境。基于上述比较、分析，在教学"植树问题"时，教师应从实际问题入手，引导学生在分析、思考问题的过程中，逐步发现隐含于不同情形中的规律，经历抽取出数学模型的过程（建模），体验数学思想方法在解决简单实际问题中的应用（解模）。在整个"植树问题"的建模过程中，要突出示意图、线段图的教学价值，引导学生用画图的方法解决植树问题，借助示意图或线段图进行分析，从而帮助学生打通"植树问题"模型与"公交车站设置问题""锯木头问题""钟声问题""设置饮水点问题""爬楼梯问题"等情境之间的联系。由此，确立"植树问题"的基本学习目标是解决问题，关键点是理解"点段关系"模型，并借助多元表征和数形结合，促进学生理解数学模型及其应用过程，形成数学基本活动经验。[①]

这样的表达，不仅文字上充实了，对于内容解读与相关主题之间的联系也表达得更清晰了。

二、遣词造句的基本原则与方法

1. 基本原则

教师在写作论文时，遣词造句的基本原则是：先准后巧，符合逻辑。

这里的"准"指的是语句意思表达的准确、到位；"巧"指的是文字的灵动、精巧，富有理性的美感，外在表现为工整、对仗等。"先准后巧"的意思指的是，首先要把想说的意思"说清楚""讲明白"，选取语言表达时，不忘记要素间的逻辑关系；然后再去考虑语言表达的工整与美感。

追求语言表达的"巧妙"，也是论文写作需要考虑的重要问题。理由有二：一是当选取灵动的语言来表达理性思考时，会让理性的知识变得形象生动起来，更易于读者理解；二是在多角度、多层次、多路径表述时，采用工整的语句，对仗的语词表达，也能够逼着写作者作深度思考，挖掘现象背后的本质，从而发展写作者的结构化表达能力与抽象思维能力。因此，教师在写作教育教学论文时，语言表达上，"准"与"巧"都需要。"准"是前提，"巧"必须建立在"准"之上。

---

① 查周洁，曹骏. 丰盈"植树问题"发展模型意识[J]. 教学月刊·小学版（数学），2024（1/2）：22—25.

2. 基本方法

同样，从教学论文的写作实践来看，在论文写作中，需要推敲语言文字，做好遣词造句。实践中，可以有以下几种基本的方法。

方法1：精准把握，朴素表达：基于整体掌控的列题

前文谈到，论文写作的整体架构（即谋篇布局）好是写好一篇论文的基础。事实上，这个整体架构需要通过文章的一级标题、二级标题甚至是三级标题呈现出来。于是便涉及语言文字的运用。对于各级标题的文字是否能够准确表达相应主题的逻辑结构，是否能够讲明白材料相关内容所承载的意思，也便需要遣词造句了。

遣词造句的基本原则是，"准"为先，"巧"为后，关注逻辑结构更重要。所以文本的整体架构并不一定都需要文字巧妙、灵动，朴素表达也是一种选择。我们来看一个例子。《新版课标视域下"问题解决"的定位与教学设计思考——以人教版〈义务教育教科书·数学〉的使用为例》[①]一文的主体结构是这样的：

一、课程"目标"的变化与"问题解决"的重新定位

（一）明确提出了发展"四基"的要求

（二）明确提出了增强"四能"的要求

二、人教版《义务教育教科书·数学》中"问题解决"的编写特点

（一）明确编排了"问题解决"课时的内容，在强调及时巩固应用知识的同时，突出"问题解决"自身的教学目标

（二）明确提供了"问题解决"思考的程序，在引导学生经历"问题解决"过程的同时，着眼于"问题解决"基本活动经验的积累

三、基于《修订版教科书》的"问题解决"教学设计思考

---

① 费岭峰. 新版课标视域下"问题解决"的定位与教学设计思考——以人教版《义务教育教科书·数学》的使用为例 [J]. 课程·教材·教法，2015（2）：39-44.

（一）注重"问题解决"的程序思维，关注基本活动经验的形成

（二）关注"问题解决"的核心要素，突出知识技能应用的价值

（三）把握"问题解决"的学教规律，逐步提升学生解决问题的能力

整篇文章，以《义务教育数学课程标准（2011年版）》为指导，对"问题解决"作出定位，然后分析了教材编写的特点，谈了教学设计的思考。二级标题的表述紧紧围绕一级标题的内容范围展开。文本提纲中，用语比较朴素，以意思的准确表达为目标，在句式上适当关注结构。显然，文章的特色不在语言表达的工整，更注重意思表达的准确、清晰，让人易于理解。

方法2：逻辑思辨，分层解构：彰显结构清晰的用词

在论文写作中，朴素的语言表达是一种方式，当然也可以将语言梳理成具有同一结构的表述方式，使得文章的框架结构更工整些，也更具整体感。先看个例子。《信息技术支持下的初中物理分层教学设计——以"浮力"为例》[①]一文，结构并不复杂，主要由四个部分构成，具体如下：

一、基于学情对教学对象分层

二、依据目标对教学内容分层

三、针对差异对课后作业分层

四、整合过程对教学评价分层

四个维度分层是基于教学设计的四个方面来谈的，每个维度内在的两个要素间具有相关性，如对象分层的恰当与否，与对学生的学情把握有密切的关系；教学内容的分层则与目标定位直接相关；作业的分层基于学生的差异，评价的分层基于整个过程中学生的表现。事实上，这就是逻辑思辨。有了相应的逻辑思辨，对研究主题的解构也会更准确些，写出的论文也会比较清晰，易于理解。

再来看一篇结构相对复杂一些的论文，就是前文谈到的《以深度教学

---

① 滕燕，倪亚贤，董雯.信息技术支持下的初中物理分层教学设计——以"浮力"为例[J].中小学数字化教学，2023（12）：53-55.

重构小学数学课堂样态》①。这是一篇研究深度教学的经验类论文,全文结构如下:

一、"浅层教学"现象透析
1. 只求"效率":留恋于接受
2. 只求"简单":局限于累积
3. 只求"流畅":落脚于浅尝
4. 只求"结果":停滞于机械

二、"深度教学"学教思辨
1. 深度学——"深"在思维活动
2. 深度教——"深"在问题引领

三、"深度教学"策略改进
1. 设"境":激发主体行为
2. 构"容":把握数学本质
3. 展"程":强化体验感悟
4. 建"系":注重知识关联
5. 重"理":提升高阶思维
6. 强"用":解决实际问题

整篇文章围绕"深度教学"的现象透析、学教思辨与策略改进三个部分展开。首先对问题进行剖析,将现象解构成四类问题,并归类为四种"浅教"的现象,特别是在"策略改进"部分,将教学过程解构成六步,并针对每一步实现"深度教学"的方法进行深入解读与分析。文章的这个部分,真正是用词巧妙、逻辑清楚,还体现了精准性。

方法3:围绕主题,有理有据:指向目标丰实的表述

在文章展开论述时,一般需要理性表达与事实论据紧密结合来论证相应的观点。事实上,针对一个分论点展开论述,也是有一定的写作技巧的。一

---

① 朱红伟.以深度教学重构小学数学课堂样态[J].上海教育科研,2020(6):85-88.

般需要讲清楚"是什么",然后才是进一步解构或阐述。写作时,以"定义＋特征＋解构"的方式呈现。这里以《数学活动:承载儿童数学学习的重要过程——谈促使小学生数学学习发生的数学活动设计要点》[①]一文中第三部分"经验形成:数学活动设计的合理生长点"为例作说明。

"数学经验,是人们的'数学现实'最贴近现实的部分",是源于数学学习过程经历、基于数学实践活动基础的、具有较强个体性的感受与体验。数学活动"动"与"活"的特点,正是促进学生数学经验形成的有效过程。

根据小学数学的学习内容,结合小学生的数学学习特点,学生在数学活动中可以积累知识理解的经验、技能习得的经验与问题解决的经验等三个层面的数学经验。

以上文字,首先对于数学经验给出了定义,然后简述了特征,在此基础上将"经验"解构成了三类不同的数学经验。当然,在接下来每一种经验的剖析中,既有理性的分析,又有事例的说明,做到有理有据,充分而又丰富。以"理解经验"为例摘录如下:

关于知识理解的经验,其强调的是"理解"。所谓理解,便是我们通常所说的"知其然,又知其所以然"。从小学数学学习内容来看,需要理解的知识内容还是比较多的,如数学概念、运算法则等,都是需要学生去理解的。这便需要学生经常去经历一些基于数学知识理解的活动,从而形成相应的"理解经验"。

比如,我们知道,长方形面积可以用"长×宽"求得。其意义理解需要经历三个层次的活动:层次一,直观判断,感知长方形面积的特征及大小,即观察某个特定的长方形,估测其面积的大小;层次二,操作验证,确认长方形面积的大小,即通过面积单位的度量,体会某个特定的长方形中面积单位的个数;层次三,归纳提炼,深入理解长方形面积与其特定长方形的

---

① 费岭峰.数学活动:承载儿童数学学习的重要过程——谈促使小学生数学学习发生的数学活动设计要点[J].中小学教师培训,2017(1):48-51.

"长"和"宽"的关系,即通过对应理解,总结方法。

三个层次的活动,可以帮助学习者从目标、方法层面积累起平面图形面积内涵理解的活动经验,即:知道计算平面图形的面积,首先需要弄清面积计算的实质是什么;需要确认图形面积的大小,知道可借助面积单位去度量;最后清晰把握,求解平面图形的面积时,知道需要根据长度信息与面积计算之间的关系,提炼运算方法。

这便是学习者在长方形面积内涵理解活动中获取的活动经验。这样的活动经验显然是其后续学习其他平面图形面积计算方法、立体图形的表面积计算方法,乃至立体图形体积计算方法时的基础。

以上关于"理解经验"的解释之后,以一个生动的教学案例对此作进一步诠释,让读者既能够通过概念对其有所理解,同时还能够通过实例知晓操作的要点。这样的文字无疑从理论引领与实操引领两个方面均为教师提供了可借鉴的经验。

三、教师如何培养遣词造句的能力

1. 多读

多读,即读一些高质量的论文,可以是本学科的论文,也可以是非本学科的论文。好文章肯定有其值得学习借鉴的地方:有的在内容,有的在思考问题的过程,还有的在剖析、解构主题的方法。而从论文写作角度来看,对于好文章的结构、语言文字的表达等,更需要我们去品,去体会。前文谈到的那些论文,都值得我们去读。

读好文章可以通过两条途径:一是有影响力的杂志,二是优秀论文集。

杂志主要有两类:一类是以刊登学科实践类论文、案例为主的,相对贴近一线教师的杂志,如《教学月刊》《小学教学研究》等;二是以刊登相对理论性较强的学术论文为主的杂志,如《全球教育展望》《课程·教材·教法》等。其实还有一类介于两者之间的,既刊发理性思考类的文章,也刊发相对突显实践性的文章，比如《上海教育科研》《教学与管理》等。

多读还可以是聚焦在一本杂志上的阅读。一般来说，教师能订上一本杂志，每期都能认真阅读，相信几年下来，收获也会很大，遣词造句的能力自然会有所提升，自然也有助于写出质量相对较高的论文。

2. 多写

要想写好教育教学论文，能够在遣词造句上有所突破，写是必然的。唯有通过写作实践，才能真正体会语言文字的作用，才能用好文字。

多写是相对而言的。对于教师来说，每年写多少篇论文才是合适的，对其提高写作能力是有用的？这个倒也没有权威数据来证明。但至少每年写上一篇像样的论文，甚至每个学期去写作论文，大概还是会有用的。

多写，努力从量变到质变。有时候可以写小论文，短案例，学习体会分析、思考问题的方式，体验逻辑思维的过程。这对论文写作有帮助。

3. 多推敲

我们说，写好论文，"写"是基础。但还有一个重要因素，就是研究与思考。深度的研究也是论文写作的基础。"好"论文是"做"出来的，是在深度研究基础上提炼出来的。

当然，好论文还离不开深度思考，多推敲，多打磨，也是可以提升文本质量的。

有一种观点：好文章是"改"出来的。这里的"改"就是思考、推敲、打磨的过程。时常会看到一些名师，在回顾自己的论文写作时，会提到：一篇高质量的论文，一般修改不下十遍。一稿、二稿和三稿……从初稿到二稿，有时候可能是推倒重来。这样的"否定之否定"的过程，时常也是好论文产生的重要过程。

以上三个"多"也是教师提升论文写作中的遣词造句能力的必要过程。

第11课　论文写作应遵循的学术规范

所谓学术规范，是指学术研究过程中形成的或者根据学术发展规律制定的，为大家所认同的基本规范或准则。论文写作中的学术规范是指进行学术论文写作或者交流时，所需要遵循的基本规范或准则。

一、论文写作时学术表达不规范的几种典型现象

虽然遵循论文写作中的学术规范已经是一种常识，但在教师的论文写作中，还是存在着不规范的情况。具体表现为以下几种现象。

1."摘要"变"引言"

教育教学论文写作，在完稿后，需要有论文摘要。所谓"摘要"，简单来说，就是论文的概要，包含整篇文章的主要内容信息。然而，有教师在写作时，将摘要写成了引言。

以下是一位教师在写作《幼儿园"探究式活动课程"的有效开展》一文时，所写的论文摘要。

【摘要】随着教育改革的深入，《幼儿园教育指导纲要》的实施和《3—6岁儿童学习与发展指南》的颁布，多元化已成为未来教育的发展趋势，课程之间需要整合，教材与生活之间需要关联，幼儿园与社会之间需要交流，

教师和幼儿之间需要互动，个别差异需要尊重。我们应该给予孩子怎样的教育？我们的幼儿教育能否为孩子的终身发展奠定良好的基础？幼儿园能否开展探究性教学，开设探究式课程？为此我们需要在不断学习、领会、实践中进行研讨和探究。

从这段文字中，没有看到整篇文章的主要内容，而似乎在谈为什么要研究"探究式活动课程"，有点提出问题的感觉。显然，这不是摘要，更像是前言或引言。完整读了全文后，其实知道这篇文章主要谈了幼儿园"探究式活动课程"开展的意义、目标定位、内容来源与具体实施等四个方面的内容。因此，若需要写论文摘要，也需要从这四个方面入手去表述。

2."关键词"提取不恰当

论文写作时，关键词会在摘要后给出。一篇文章的关键词，一般表达的是整篇文章的核心研究点。教师在关键词的提取上出现的问题，主要表现为随意、缺少代表性与典型性，从而无法呈现整篇文章研究的核心内容，不利于读者精准搜索发表过的文章。

如有位教师在《小学数学教学过程中学生几何直观能力的培养》一文的关键词确定时，提取了"几何直观""培养""数学教学"三个。这里的"几何直观"可以，应该是文章的一个核心点。"培养""数学教学"两个词则显得过于宽泛了，不能聚焦到本文的内容上来，而且三个词的顺序排列也不太恰当。读了全文，应该调整为："图形与几何"教学，几何直观，直观表达，形象思维。

还有一位教师给文章《基于本质，培育量感——人教版教材三年级下册"面积与面积单位"教学实践与思考》确定的关键词为"本质""体验""量感"。显然也是不合适的，因为通过这三个关键词，很难聚焦到本文的核心内容上来。不如将关键词确定为：面积和面积单位，面积意义，测量，量感等，更为合适些。

3.引用材料不标明出处

在教师看来，投稿的文章才需要把引用材料的出处清楚地注明。这本身就是一种误解。从学术研究来说，引用专家的观点、借用被认可的案例，来论证自己的观点，本身也是一种科学的研究方式。但作为尊重别人的成果的一种表示，需要在引用时注明来源。

教师在论文写作中，引用材料不标明出处的表现有两种情况：一种是完全不标明，即引用了别人的文字、内容后，缺少"引号""上标序号"等引用记号，这种情况下根本就谈不上通过脚注或尾注来标明所参考的文献的信息。还有一种情况是，有些引用的内容能在文章的尾注处注明参考的文献信息，但在正文中却没有标明"引用"的相关内容，即引用内容与参考文献间缺少直接明了的对应记号。

有位教师在《小学数学"代数推理"的定位与教学实践策略》一文中，写了这样一句话："其中小学阶段重点培养学生的推理意识，初中阶段逐步提升为推理能力，并增加了代数推理。"当我读到这一观点时，第一感觉便是不太可能是这位教师自己的研究。于是，便询问了这位教师，果然是参考了"课程标准"专家史宁中先生的文章，并在文末的参考文献中也找到了相关的文献，只是因为写作者没有标注好相关的记号，所以没有联系起来。显然，这里稍作调整便可规范地表达了。

4. 参考文献表述不规范

参考文献表述不规范，也是教师论文写作中学术不规范的普遍现象。一般表现为三种情况：

情况一：有引用，不标注相关"参考文献"。这就是前一点谈到的情况，这里不再重复。

情况二：有参考文献记录，但要素不完整。如一位教师围绕"新课标背景下多元课堂样态的探索"写作的文章，文末的参考文献记录如下：

【参考文献】

1. 胡宇《义务教育数学课程标准（2022年版）》。
2. 南湖区教育文化体育局《促进学习真实发生的学与导设计》。

3. 南湖区教研中心主办《南湖教育科研》。

4. 张一笑《新课标背景下课堂教与学方式的转变》，长治市教育局。

显然，这样的参考文献表述是不完整的，一来记录的文献是专著还是期刊不明确，二来这些文献刊出时间也不清楚。这样的表达是极不规范的。

情况三：参考文献的内容表述不规范，缺少部分要素。如一位教师围绕"幼儿园精细化教研管理"写作的一篇论文，文末的参考文献记录如下：

【参考文献】

1.《学前教育管理学》，张燕，北京师范大学出版社，1997年8月。

2.《对幼儿园精细化管理的理解和落实》，现代教学研究，2011年第10期。

3.《幼儿园教研活动设计与实施》，莫源秋，中国轻工业出版社，2014年10月。

4.《落实精细化管理 提升幼儿园管理实效》，学前教育研究，涂雅洁，2008年第11期。

相对于上一位来说，内容要素是多了些，但记录的方式还是不规范的。一是仍然没有标明是期刊还是专著；二是具体的页码未标明，出处表达不精准。

二、教师论文写作时应遵循基本的学术规范

教师在论文写作时，还是需要遵循基本的学术规范。接下来就结合一些例子谈一些基本的要求与做法。

1. 论文写作中摘要的意义及写法

一篇论文的摘要，反映的是论文的主要内容。好的论文摘要，就如同一篇小论文，可以将全文的主旨内容清晰地表达出来。因此，论文摘要具有独立性与自含性特点。我们来看《英语文化意识教学的内涵、价值与实施路

径》①一文的摘要内容：

开展英语文化意识教学，可以让学生在了解与辨识、学习与探索中加深理解与认同，在理解与表达、尝试与调整中促进包容与交流，在感知与热爱、欣赏与理解中增进领会与尊重。在开展英语文化意识教学时，教师应以单元主题为统领，开展单元整体文化意识教学；以活动为依托，在具体情境中陶冶文化情感；深入体认文化意蕴，以进阶活动提升学生的综合能力；开展多元教学评价，及时进行自我反思与调整。

本份摘要不到200字，将开展英语文化意识教学的内涵、价值与实施路径，既清晰又简明扼要地进行了阐述。读了此摘要内容后，读者对全文的内容也就有了一个大概的了解。对比全文，我们会发现，在写作此份摘要时，作者基本是将文章论述开展英语文化教学的"价值"与"实施路径"两大部分的二级标题进行了整理，形成了一篇文通字顺的短文。这也是论文摘要的一种常用的梳理方法。

因为摘要是一篇论文主要内容的简约呈现，所以也为越来越多的杂志作为投稿时必须有的内容。这一来可以为编辑审读稿件节约时间，二来也可以为后续编辑（若录用）处理方便。从这个角度来说，论文作者在完成一篇论文后，写好摘要显得极为重要。

2. 论文写作中的关键词的意义及写法

论文写作中的关键词代表着文章的核心内容、基本概念等，同样也是文章核心内容的体现。当然，论文写作中一般要求注明关键词，其目的是便于搜索，即通过关键词搜索时，核心内容与所搜的关键词相同或相近的文章将会被搜索到，罗列在目录中。

比如前面谈到的文章《素养视角下中美数学项目驱动性问题设计的比较研究》一文，作者提取的关键词有：素养，项目化学习，数学项目，驱动

---

① 郝俊勇.英语文化意识教学的内涵、价值与实施路径[J].课程·教材·教法，2023（6）：119-124.

性问题。当需求者在"数字图书馆"搜索栏中将这4个词或其中某一个输入时,这篇文章便会出现在搜索到的对象中。

论文写作时,提取关键词的一般方法有两种:一是文章中出现频次较多,甚至是最多的"词";二是文章的核心概念,一般可以从文章标题出发去思考与分析。提取的关键词的数量为3～8个。

3. 论文写作中引用的意义与注意点

教学论文写作时,引用别人观点或材料,有两个层面的意义:

一是增强论证的说服力。一般来说,引用的观点或材料是已经发表的,是可检的。这样的材料,一般是为别人所验证过,是具有一定的认可度的;还可以看作"我这样认同,还有人也这样认同",特别是引用权威专家的观点时,更加具有这种功能。这也是引证的一种重要作用。

二是表明论文写作者学习的广度与认知的深度。因为我们可以这么认为,引用别人的观点或材料,至少得去学习,有所理解的基础上,才能作为观点或做法引证。很多时候,为了引用一个观点,论文写作者可能需要通读整篇文章,甚至一本专著。所以可以这么认为,规范引用,善于引证的论文写作者,专业素养相对也会高一些。

当然,引用别人的观点或材料时,需要注意两点:

一是理解基础上的引用。这点其实很好理解。引用别人的观点或材料,需要对这些观点有正确的理解,对相关材料有一定的研究,并需要与自己想表达的意思进行匹配。

二是尽可能引用领域中影响力较大的专家的观点或材料。这一点也不难理解。写学科教学论文的,引用相关学科专家的观点,作为自己观点的印证,一般会有较强的说服力。同时,这些观点的出处也需要考虑,同样选择影响力比较大或相对权威的刊物中的文字为好。

4. 写作参考文献的意义与注意点

参考文献的写作,与上一条引用密切相关。一般来说,有引用便会有相应的参考文献的记录。

参考文献的呈现，其实还能体现作者研究素养的强弱。所以有些杂志在投稿要求中，除了对参考文献的写法有基本要求之外，还会对参考文献的数量作出要求。有杂志规定一篇论文的参考文献数量不少于 8 条，也有的规定不少于 6 条。当然，有些杂志发表的大部分文章，参考文献的数量会占 1 到 1 个半版面之多，比如《全球教育展望》《课程·教材·教法》等。大部分以发表实践性较强的文章为主的杂志，发表文章对于参考文献的数量是不作要求的。

参考文献写作时需要注意以下几点。

一是注意文献记录的基本格式。一般来说，参考文献表述时，不同来源文献有不同的记录格式。这里主要列举专著与期刊两类常用情况。

专著类：主要责任者.题名：其他题名信息［文献类型标识/文献载体标识］.出版地：出版者，出版年：引文页码.

期刊类：主要责任者.题名：其他题名信息［文献类型标识/文献载体标识］.出版物名称（其他题名信息），年（卷）：引文页码.

其他参考文献记录，可参考《中华人民共和国国家标准（GB/T7714—2015）：文后参考文献著录规则》。

二是遵从引用的基本要求。参考文献一般排在文章的最后，排列顺序以引文在正文中出现的先后为准。要求引文序号与文后参考文献一一对应。

投稿小贴士

1. 文稿自己审读满意。

2. 页面齐整、规范。

3. 找准杂志投。

4. 过一个月可联系下编辑。

5. 几次不中，不要灰心。

6. 发表后校读一遍，看看文字是否需要调整。

阅读材料三

忽视"证伪"教学的原因及对策
——基于小学数学课堂教学实践的思考*

[摘　要] "证伪"在数学学习中有着相当重要的价值。而观察现今的课堂，却存在着三种忽视"证伪"教学的典型现象：无"伪"可证、有"伪"不证、证"伪"不实。产生的原因相应是：教师控制课堂、目标定位偏颇、教学机智不足。实践中，相应的对策分别是：通过改变教师控制课堂的局面，关注学生主动学习的发生，不怕"伪结论"生成；重视课堂教学过程目标的设计，认识"证伪"教学的价值，抓住"有价值的'证伪'"机会；提高教师对教学资源价值的判断力，有效组织"证伪"过程，提升"证伪"的学习价值。

[关键词] 小学数学；证伪教学；无"伪"可证；有"伪"不证；证"伪"不实

"证伪"思想是由英国哲学家卡尔·波普尔提出来的。波普尔在其著作《猜想与反驳》中谈到，科学是需要通过不断的猜想去逼近真理，需要"不断地提出假说，证伪，再提出假说，再证伪，……"[①]。而小学数学知

---

* 此文发表于《课程·教材·教法》2013年第12期，作者是本书著者费岭峰。选入时有细微调整。
① 黄加卫. 浅议"证伪"思想在高中数学教学中的作用 [J]. 中学数学杂志，2011（4）：18-22.

识的学习同样是一个科学知识的学习过程,其首要任务是在"数量关系和空间形式"的研究过程中,习得数学知识与数学技能,形成数学的思想方法,积累数学的基本活动经验,最终发展数学素养。因此,小学数学教学的应然追求,同样是"求是与去伪的恰当融合"[①],需要在"证伪"的基础上"去伪",从而形成正确的数学思想与方法,习得相关的知识与技能。

然而,一线教师往往重视"证实",忽视"证伪"。曾在一次招聘教师的活动中,作为评审组的一员听取了19位报名对象执教的《平行四边形面积》一课。课中,当学生呈现了"邻边相乘"和"底高相乘"两种不同的方法计算平行四边形面积后,只有1位教师既组织学生研究"'底高相乘'为什么正确"的道理,还引导学生探讨"'邻边相乘'为什么不正确"的原因。其他18位教师虽然都很注意引导学生探究"底高相乘"这种方法的正确性,却弃"邻边相乘"这种算法于不顾,完全放弃对其"为什么不正确"的道理的研究。事实上,如同此类"重'证实',轻'证伪'"的教学现象,在小学数学日常教学中大量存在。

当然,在小学数学课堂教学中,"证伪"思想被忽视,"证伪"教学的极其弱化,有着比较复杂的原因。本文尝试作一定的分析,进而提出改变这种状况的若干对策。

一、忽视"证伪"教学的三种典型表现

与一般科学知识相同,数学作为一门基础性科学,许多知识的形成同样是经过长期的研究探索后取得的,这期间同样经历过不断"证伪"的过程。然而,在小学数学课堂教学中,许多一线教师往往注重知识的"证实",对"证伪"的过程则不重视,甚至根本不去关注。具体可以归纳为三种典型表现。

---

① 喻平.教学的应然追求:求是与去伪的融合[J].教育学报,2012(8):28-33.

1. 无"伪"可证

我们知道，课堂教学首先是一个教师"教"与学生"学"互动交流的过程。教师的"教"应该以课程内容和学生的"学"的状态为基本出发点。学生"学"的过程，应该是一个主动的、基于问题提出与思考的过程。然而，现在仍然有许多的小学数学课堂，教师强势的"教"完全替代了学生的"学"。特别是在重点知识的学习时，教师根本不给学生探究的机会。学生的"学"也只需去关注教师的讲解，接受教材的结论即可。这样的课堂，根本没有"假说—探究"的学习过程，出现无"伪"可证的局面也就不足为奇了。1997年5月，教育部组织北京师范大学等六所高等师范院校的有关专家进行的一次调查表明："我国义务教育阶段目前教与学的方式，以被动接受式为主要特征"，"教学以教师的讲授为主，很少让学生通过自己的活动与实践来获取知识"，对学生自主性学习方式的使用频率调查中，"只有4%的教师认为这种方法有道理而且自己时常这样做；62%的教师认为这种方法虽然有道理，但教学大纲、教材、应试制度等不具备这种条件，另有30%左右的教师则认为'教学是在有限时间内学更多的知识'，'不值得这样做'，或'对中、低年级不合适'，甚至认为'浪费时间'"[1]。即便是课程改革十年后的今天，学生的自主学习仍然得不到真正落实。许多教育界人士在谈到课程改革十年的问题时，认为"全国层面上存在着'重教轻学'的现象，从预设到教学，老师基本上是站在教的立场上而不是学生立场上实施教学"[2]，仍然是一个很值得关注的问题。而这样的状况，便是无"伪"可证的土壤。

2. 有"伪"不证

这种状况一般出现在新手教师的课堂上。虽然在这种课堂上，教师有意

---

[1] 傅道春. 新课程中课堂行为的变化 [M]. 北京：首都师范大学出版社，2002：138-139.
[2] 崔峦. 新课程改革这些年 [J]. 新课程导学，2011（6）：3-4.

识地留给学生自主探索的时间和空间，留给学生自主思考解决问题的机会。但当学生呈现了自主探索的结果后，教师往往对正确结果给予了足够的重视，对错误结论则不予关注。如文章开头的案例中所讲到的《平行四边形面积》一课教学中，18位教师的教学过程，关注了"底高相乘"方法的探讨，组织学生展示化归的过程，并说明"转化"后的长方形中的"长、宽"与原平行四边形中的"底、高"间的对应关系，最后根据"长方形的面积＝长×宽"，推理得出"平行四边形面积＝底×高"，结论得到证实。而对"邻边相乘"的方法则放弃不用，让探索"'邻边相乘'为什么不能得出平行四边形面积"这样有价值的问题，失去了引导学生体验"证伪"过程的机会。这是有"伪"不证的典型体现。

3. 证"伪"不实

这是新课程理念下一般教师在处理"证伪"时比较常见的一种状况。在这样的课堂中，教师能够关注到对一些"伪结论"的讨论，但在讨论过程中，又出现了"证伪不实"的情况。具体又表现为两种状况：一是讨论过程中，教师没有将其扩展到全体学生中，把"证伪"过程的体验，作为全体学生的学习资源；二是教师的讲解代替学生的说明，从而缺少暴露学生的"假说——研究"的过程，让"证伪"的学习价值大大地降低。如在《商不变的规律》一课中，因为从商的变化规律来看，只有被除数和除数同时乘以或除以一个相同的数，商才不变。所以在实际课堂教学中，许多教师要么在设计中根本就不让"被除数和除数同时加上或减去同一个数，结果也不变"这种假说出现，要么就淡化其验证的过程，只组织学生在小范围内进行讨论，从而使许多学生心中的疑惑无法得到解答。[1]证"伪"不实，同样是忽视"证伪"教学的一种典型表现。

---

[1] 吴卫东.邱向理.小学数学典型课示例：历史视角下的研究[M].吉林：东北师范大学出版社，2005：174-188.

二、忽视"证伪"教学的原因分析

"证伪"教学被忽视现象的产生,当然有其相当复杂的原因,且有些现象是多种因素叠加造成的。本文试图分析造成某种"证伪"被忽视现象的主要因素。

1. 教师控制的课堂:无"伪"可证的主因

无"伪"可证的主要问题是:课堂教学为什么不出现"证伪"的机会?再深究下去,即为什么课堂上只存在正确的结论,而不出现错误的结论?这是学生学习的自然状态吗?如果不是,那么是什么原因造成的?

新课程倡导以学生为主体的课堂,突出"以学定教"的理念,将"学为中心"的教学理念充分放大,以期望改变传统课堂上教师主讲、"满堂灌"的现象。新课程实施了十年后的今天,传统课堂上"满堂灌"的现象虽然已发生了改变,但取而代之的却是"满堂问""满堂练"。此类现象是否就说明了教师已经把课堂还给学生了呢?事实却并非如此。"满堂问""满堂练"的主角仍然是教师,教师控制课堂的情况仍然大量存在。特别当一节课内容较多时,则基本不给学生独立思考的时间,更谈不上留给学生"提出假说、尝试探究"的空间了。如果说,前面的调查还是在课改前所反映出来的一线教学的状况,那么"理念认同度高""实施满意度低""即便政府强力推行(如大规模培训),教师仍然可以我行我素。即便教师打心底里认同这些理念,行为仍会不自觉地'复原'"[1]。这些则是新课程实施十年后的困境了。"问题的最终提出者仍然是教师,问题的最终解决也落在教师身上。大多数教师为了既定的程序不去捕捉课堂上的生成性资源。"[2]在这样的课堂上,也就基本不会出现"伪结论",也就谈不上组织学生去"证伪"了。

---

[1] 余慧娟. 十年课改的深思与隐忧 [J]. 人民教育,2012(2):31-35.
[2] 仲平. 课改十年,课堂教学有了哪些变化 [J]. 基础教育课程,2009(7):18-25.

2. 目标定位的偏颇：有"伪"不证的主因

有"伪"不证的主要问题是：为什么课堂上出现了"伪结论"后，教师不愿意引导学生花时间去深究"伪结论"伪在哪里？探究"伪结论"除了可以让我们知道"伪"的原因之外，还可以让我们收获什么？

课堂是一个学生自主学习的场域。因为是自主学习，因此便有可能产生不正确的结论，即学生在学习过程中提出了错误的"假说"，产生不正确的结论。当这种"伪结论"出现后，教师不去组织学生"证伪"的主要原因一般有两种：

一是目标定位"重知识结论，轻过程探究"，即对教学过程的目标定位，只关注学生对正确思考方法或结果的理解与否，而没有对错误思考方法或结果的研究准备，于是教学中，只认为需要引导学生得出正确结论，并且组织学生完成"证实"的过程，而根本就顾及不到"证伪"的过程，即使出现"伪结论"，也就不作探究了。

二是认识不到"证伪"过程的教学价值。在他们看来，错误的想法只需点到为止，无需展开，只要引导学生把正确的方法与结论研究清楚即可。于是，在课堂上，即使出现"伪结论"，教师同样刻意避之，不作探讨。如在《分数加减法》一课的教学实践中，因为课前教师在制定教学目标时，没有将"分子、分母分别相加减"作为一个"证伪"教学活动来定位，所以在计算诸如 $\frac{1}{8}+\frac{3}{8}$ 时，有学生用了"分子加分子，分母加分母"的方法进行计算，结果等于 $\frac{4}{16}$ 后，许多教师认为是非典型错误，而不去加以探讨，也就不足为奇了。

3. 教学机智的不足：证"伪"不实的主因

证"伪"不实的主要问题是：是不是所有的"伪结论"都有"证伪"的价值？又为什么对于有些"伪结论"，教师在课堂上明明已经给予了关注，并且已经组织学生去研究"伪结论"为什么不正确，可效果却并不理想，有时甚至还干扰学生对正确结论的认识与理解？

课堂教学不仅仅是一个知识简单传递的过程，它事实上还涉及师生情感交流、认知过程的恰当引导以及生生间的共同创造等诸多因素。因此，课堂上教师组织学生进行学习时，其灵活处理教学事件，恰当组织教学进程中所体现出来的教学机智，是一节课是否有效的相当重要的因素。组织学生"证伪"的过程，同样离不开教师的教学机智。当然，笔者认为，在引导学生进行"证伪"的过程中，教师的教学机智主要是指：对"伪结论"探讨价值的判断力与调控"证伪"过程的组织力，即在课堂教学中，学生基于自主学习得到"伪结论"后，教师需要及时对其作出判断，是否需要组织全体学生进行"证伪"，探讨这种结论错误的原因，思考其价值。课堂教学实践中，教师教学机智的薄弱，往往让有价值的"证伪"教学资源发挥不了"证伪"教学的学习价值。

三、改变忽视"证伪"教学的对策

忽视"证伪"教学现状的改变，需要有教学理念的改变与教学行为的改变两个层面上的努力。针对以上问题，我们可以从以下三个方面进行尝试。

1. 改变教师控制课堂的局面，关注学生主动学习的发生，不必担心"伪结论"生成

新课程背景下，教师作为知识传授者的角色，已经从传统"教师讲、学生听的单向传输方式"，转变为"学生发展的促进者"，[1]学生的学习方式，也正由传统的单一接受式学习向探究式学习转变。于是，在课堂上，当教师呈现了相应的学习任务之后，更多作为"积极的旁观者"出现，在学生进行自主学习时，"积极地看，积极地听"[2]；当学生展示学习成果，或者表达研究结论时，给学生充分暴露思维过程的机会，激起更多学生参与讨论的积极性；当学生呈现结论"不太完善"，甚至错误时，应该坦然面对，有时甚至故意

---

[1] 傅道春.新课程中课堂行为的变化[M].北京：首都师范大学出版社，2002：176.

[2] 同[1].

放大错误结论，以引发全体学生进行思考、探讨，引导全体学生参与"证伪"过程，从而实现"去伪"基础上的概念的深刻理解。

2. 重视课堂教学"过程目标"的设计，认识"证伪"教学的价值，让"有价值的'证伪'"活动为提升学生的数学素养服务

《义务教育数学课程标准（2011年版）》在进一步明确了数学课程"结果目标"的同时，提出了数学课程的"过程目标"，并且以"经历""体验""探索"三个行为动词表述了相应层次的目标要求。而"证伪"作为一个学习过程，同样有着引导学生"经历、体验、探索"的重要作用，其在小学数学课堂教学中的典型体现，即为当出现一个结论时，首先表现为一种怀疑的态度：这种方法（或想法）正确吗？可行吗？然后举一些相关的例子进行验证，最后根据验证结果，再次判断结论是否正确。如果结论不正确，则需要思考问题出在哪里。比如在学习了分数运算后，因为学生有"$3\frac{3}{8} \div 3 = 3 \div 3 + \frac{3}{8} \div 3$"这样的计算经验，于是有学生在计算 $3 \div 3\frac{3}{8}$ 时，出现了采用"$3 \div 3 + 3 \div \frac{3}{8}$"这样的算法。答案显然是错误的。此时便可以组织学生"证伪"，因为研究此算法"为什么错误"的材料可以是举一些整数运算的例子，学生有自主"证伪"的可能性。且在两种情况对比过程中，会让学生明白 $(a+b) \div c = a \div c + b \div c$，其实是 $(a+b) \times \frac{1}{c} = a \times \frac{1}{c} + b \times \frac{1}{c}$ 的变式，其算理是符合乘法分配律，值是不变的，因此是一种合理的运算；而 $c \div (a+b)$ 与 $c \div a + c \div b$ 不相等，因为前者的值小于后者的值，不符合运算定律的意义，是一种不合理的运算过程，答案当然就错了。这样的分析与思辨，本身便有着相当高的教学价值，"证伪"教学的价值也就不言而喻了。

3. 提高教师对教学资源价值的判断力，有效组织"证伪"过程，提升"证伪"的学习价值

"证伪"严格意义上说是一种科学研究的方法。在小学数学课堂教学中，

"证伪"教学的应用,需要教师对"证伪"教学资源有较强的判断力,即能够抓住有价值的"证伪"教学资源,引导学生进行"证伪"活动,充分发挥"证伪"过程的学习功能,从而通过"证伪"强化对"正确结论"的认识。如《平行四边形面积》一课教学中,我们来看一位教师对"邻边相乘"这一方法的"证伪"教学设计过程。[①]

先"证实"。有学生已经从刚才的方格纸验证的过程中得到了启发:在方格纸上看到,把这个平行四边形左边的角剪下来,拼到右边去,就得到了一个长方形,这个长方形面积就是平行四边形的面积。教师结合学生的讲解,沿着平行四边形的一条高剪开,再用方格纸验证,让学生清晰地看到,操作后两个图形的面积没有发生变化。教师组织小结:原来这个平行四边形,我们可以把它转化成长方形来思考,这个长方形的面积 $7 \times 3 = 21 cm^2$,所以这个平行四边形的面积就是 $21 cm^2$。

再"证伪"。教师引导:刚才同学在说明 $7 \times 5 = 35 cm^2$ 时,同样是把它想成了长方形,面积用"长 7cm × 宽 5cm"来计算,那么平行四边形面积计算也就可以把相邻两条边乘起来,但这样算又为什么不对了呢?教师边质疑,边呈现平行四边形向长方形变化的过程(右图)。学生回答:这样拉起来后,面积比原来大了。教师请学生在图上指出来,哪一部分大了?其实从图中很容易看到,阴影部分是长方形面积比原来平行四边形大的部分。显然,这样的转化方法是不正确的。

通过"证实"与"证伪"的对比教学,引导学生体验,在化归思想方法的运用中,"变"只是一种形式上的转化,"不变"是其本质内涵的体现。在平行四边形面积计算方法的探究中,把握"面积不变"是其核心,也只有在保证面积不变的前提下,才能借助化归方法去进行转化。正因为如此,"剪拼法"是合理的,"拉动法"是不合理的。

[①] 费岭峰.探寻"转化"背后的教学价值 [J]. 小学数学教育,2013(1/2):62–64.

思考与练习 4

"2022年版课程方案"与各科"2022年版课程标准"的出台，使得许多新理念、新概念与新要求需要通过一线教师的教育教学实践来落地。由此，会造成理念与实践之间诸多的矛盾。而这些矛盾点也需要一线教师去研究与解决。

由此提出本节课后的"思考与练习"要求：

1. 确定某个矛盾点作深度思考，架构一篇论文的框架结构。

点1：一级维度分几个板块？

点2：二级维度又可以怎样来解构？

2. 结合文献搜索，查找关于"跨学科主题学习活动"的文献资料，并作一定的归类，如：概念思辨类，综合性的策略类，具体学科实践类……

应用篇

写到这里，我们再次回到教师论文写作的初衷来思考："写作"是目的吗？若不是那又为什么要写？教学"写作"与教学实践之间到底有怎样的关系？

就用最后一节课来回答吧！

第 12 课　从"论文写作"回归"教学实践"

一、写作是目的吗

先讲个研课的故事。

那是我刚走上教研岗位的第一个学期。9月，突然有种想回到课堂上一节课的冲动，于是确定了一年级的《加法的认识》一课。因为以前一直担任的是小学中高年级的数学教学工作，这次选择一年级的一节课，也是有一种"想挑战一下"的想法，毕竟担任教研工作了，对于低年级课堂教学有点儿经历与体验，也是必要的。

想想要初次面对一年级的学生，还是需要作点儿准备。于是，课前就"加法"的前概念，对所任教班的孩子做了个前测，包括全体学生的纸笔测（以算为主）和部分学生的访谈（以含义为主）。然后才是结合前测情况进行备课。因为有了对学生基础情况的了解，教学重难点的确定也更加贴合所任教班级的学生状况。设计过程中，也有相应的亮点，即将"加法的认识"作为一种模型建构的过程，引导学生经历与体验。于是，整节课的教学突显了"模型思想"的渗透，课前设想中的"基于知识、技能的学习，发展学生数学素养"的教学理念也得到了体现。

课上好后，我有点儿兴奋。因为感觉在研究这节课的过程中，相关的前测数据解读与分析、教学设想、实践过程以及后测数据的分析，都还是比较有意义的，也印证了教学效果。于是，我也便有了想把这节课的实践过程整理出来的想法，后来也写成了一篇题为《教学生"不会"的——一年级学生"加法"认识基础调查及教学实践思考》的课例。整篇文章基本上就是把研究这节课的过程与想法记录了下来，结构也比较简单：前测数据分析＋教学设计与实践＋课后反思。三个部分，就是按研究的顺序写成的。

可以这么说，这篇文章其实就是个记录。这也体现了教学写作的初衷："写作"其实就是记录。记录想法，记录研究过程。不过，因为有了这次的实践，有了这篇文章，随后对有着"模型"建构特色的内容的教学也便有了更多的关注与思考：在发展学生模型思想的教学中，基本的策略、路径是不是相通的呢？那个时候，刚好《义务教育数学课程标准（2011年版）》颁布，里面所说的10个关键词中，有一个就是"模型思想"。于是，结合"模型思想"的学习、理解，以《加法的认识》这节课的实践思考为起点，对曾经执教过的课，如《长方形面积》《乘法分配律》等，进行了进一步的归类整理，写成了《数学模型思想及其教学策略初探》一文，从具有数学"模型"建构特色的内容进行了整体的分析与解读，提炼了发展学生"模型思想"的基本策略。此文首发于《小学教学研究（教学版）》杂志，后来被人大复印报刊资料《小学数学教与学》杂志全文转载。

回顾写作"模型思想"这篇文章的过程，不仅是对教学实践过程的解读与分析，而且还有对"一节课"的教学上升到了对"一类课"的教学研究方法论上的价值。自此以后，"一课、一例、一文"的教学研究，也成为我那个时间段里教学研究与实践的重要方式。实践需要研究，研究为更好地实践。

这次的研究与实践，让我对教学论文写作有了更深的认识。对于教师来说，教学论文写作不是目的，而是一种思考实践问题，体验问题解决过程，总结提炼研究成果，最终能够更好地指导实践的专业思辨方式。教师写作教学论文的意义，在于培养洞察力、思辨力、总结力与实践力。提升"实践力"是研究的最终走向，也是教学论文写作的价值取向。

二、"论文写作"回归"教学实践"是应然，也是必然

对于教师来说，高质量的论文来自"实践"，是在深度研究的基础上写出来的，是对实践过程的深度思考与总结。因此，高质量的教学论文，应该是"源于实践，成于实践，高于实践"。这种感觉对于及时总结研究经验，以教学论文提炼研究成果的教师来说，更有体会。在他们看来，"好"论文是"做"出来的。当然，我们现在要问的是，"做"出来的论文有什么意义呢？

"写作对于教师的重要意义，不仅在于教师将写作作为一种研究方式，能促进自身专业成长，更重要的是可以促使教师把教育教学经验转化为切实的研究成果，并让其充分服务于教学实践。"①这里再次援引江苏教育科学研究院颜莹老师对教师论文写作意义所提出的观点。此观点也道出了许多擅长以论文形式总结研究经验、表达研究成果的教师的真切体验。

我们说，以优秀的研究成果指导实践，应该是论文写作价值的体现。

所以，我们又要说，"论文写作"回归"教学实践"是应然，也是必然！

三、"论文写作"回归"教学实践"的具体表现

颜莹老师在《教育写作：教师教育生活的专业表达》一书中，还谈到了教育写作能够"将教师零散的经验明晰化、系统化、结构化，实现'个体经验'向'教育生产力'的转化"，"有助于多项教师专业技能的提升"。②这些话是在表达，教育写作促进教师专业发展的作用，同时也为教师的教育写作回归实践提供了足够的支持。如果继续深入思考，具体表现在以下四个层面。

---

① 颜莹.教育写作：教师教育生活的专业表达[M].南京：江苏凤凰教育出版社，2020：4.
② 同①：11-13.

1. 理念层面的清晰与坚持

理念的扎实落地，需要两个关键：一是对理念内涵的真正理解，二是实践理念的行动有所坚持。我们以"2022年版课程方案"和各学科"2022年版课程标准"涉及的"跨学科主题学习活动"为例作些讨论。作为"2022年版课程方案"提出的要求，在各学科教学中都应该实践。只是实践是否有效，则需要对"跨学科主题学习活动"的内涵、特征厘清、理解，然后再是实践，并持续不断地尝试、探索。这个过程中，许多教师也便通过论文写作去解读、理解"跨学科主题学习活动"的意义、内涵、特征，思考、探索教学策略。

就以2024年1、2月为例，围绕"跨学科主题学习活动"的论文已经成为各级各类杂志密切关注的主题，几乎到了随手一翻就能读到的地步了。如：

《基础教育课程》2024年第2期，刊发"跨学科学习"专题文章共3篇。

《新课程评论》2024年2月号，刊发"跨学科主题学习"专题文章共6篇。

还有《教学与管理（小学版）》2024年第2期上刊发了2篇相关文章，一篇题为《小学语文跨学科学习的专业合作与角色轮转》(陈静怡，陆道坤)，还有一篇题为《跨学科写作的设计原则、操作策略及实施路径》(陈泉堂);《教学月刊（外语教学）》2024年第1、2合期上刊发了一篇题为《学科融合视角下的高中英语小说整本书阅读教学实施路径》(涂鸣，彭德河)的论文……

这里只是呈现了少数几本期刊。这些论文，有的是从理念上进行解读；有的则从策略上进行探索实践；还有的则落到某个学科中，以某个学科为基础去实践跨学科主题学习。无论哪种角度，均有论文写作者的思考与实践的经验，同时这些思考与经验也将会对阅读这些文章的教师在实践上产生影响，从而引发更多教师的探索与实践。

2. 实践层面的完善与深化

教学论文写作是对教育教学实践研究的产物，研究的起点是实践中遇到的"问题"。解决问题是教师必须做的工作，于是，研究实践、完善实践成为许多教师的专业追求。

就以小学"数学活动"教学的实践与探索为例作些说明。教学实践让我们体会到，当我们越来越重视课堂上学生的自主学习时，"活动"也就成了数学教学设计中重点考虑的问题了。怎样的数学活动才是有效的？围绕不同的知识内容学习的数学活动，其特征会一样吗？不一样的数学活动，其推进流程又有哪些关键要点呢？要改变传统的数学课堂教学，探索具有开放性理念的数学课堂教学，研究"数学活动"的设计与教学，成为一个关键点，于是便有了坚持十多年的实践与研究，有了上百篇的论文、案例写作。

论文《重视数学主体活动的设计》，发表于《小学教育科研论坛》2003年第10期。

案例《"圆柱的认识"教学实践与反思》，发表于《小学数学教师》2003年第10期。

论文《经历与体验》，发表于《小学教学研究》2003年第11期。

论文《如何创设有价值的问题情境》，发表于《基础教育研究》2004年第2期。

案例《〈11～20各数的认识〉教学片断比较分析》，发表于《教学与管理（小学版）》2004年第10期。

论文《计算课不仅仅关注计算——也谈新课程背景下计算教学目标的拓展》，发表于《教学月刊·小学版（数学）》2004年第12期。

案例《学生的学习是否真的发生——"射线的认识"教学实践与反思》，发表于《中小学数学（小学版）》2005年第1期。

……

案例《以活动促进学生的思维发展》，发表于《小学青年教师》2006年第 11 期。

论文《小学数学课堂教学中的有效活动探析》，发表于《浙江教育科学》2007 年第 1 期。

案例《回归本源，为学生的数学理解找到支点——"连除的简便计算"教学实践与思考》，发表于《小学数学教师》2007 年第 7、8 合期。

……

这么多的围绕"数学活动"的课堂教学实践写的论文或课例，是"写"的结果，但更多还是围绕"数学活动"研究的实践过程的完善与深化的体现。

3. 成果层面的丰实与再创

实践研究中，成果一般有两类：一是理论成果，二是实践成果。理论成果架构的是体系、主张，实践成果体现的是实践效用、操作策略等。教学论文的写作，便是对成果的总结与提炼。也正因为对"小学数学活动教学"的扎实研究，围绕此主题研究的课题"小学数学活动教学研究"，从市级课题开始逐级上报，成为省级规划一般课题、重点课题，研究成果也在省级教育科研优秀成果评比中获得了二等奖。这得益于我对研究过程中的阶段性成果及时地作总结与提炼。

过程中，从一开始的针对"课堂教学中的有效活动"的思考提炼，到后来深入到不同活动类型的思考、分析与提炼。这显然又是一种提升，一种专业成长。

论文《活动经历：数学基本活动经验形成的关键》，发表于《小学教学研究（教学版）》2014 年第 3 期，被《小学数学教与学》2014 年第 5 期全文转载。

论文《数学活动经验的形成与特定内容学习的经历》，发表于《小学数学教师》2014 年第 6 期。

论文《基于过程目标的小学数学活动设计》，发表于《广西教育（教育时政版)》2014 年第 10 期。

论文《数学活动：承载儿童数学学习的重要过程——谈促使小学生数学学习发生的数学活动设计要点》，发表于《中小学教师培训》2017 年第 1 期，被《小学数学教与学》2017 年第 5 期全文转载。

有了这些论文的写作，让"小学数学活动教学研究"的成果丰厚起来了，实践成效得到了提升，一些实践性的策略也具有了更大的影响力和推广价值。最终体现整体成果的专著《课堂的魅力——小学数学活动设计与教学》，2017 年 7 月由华东师范大学出版社出版。写作专著的过程中，显然体现了研究成果再创的过程，对于实践的指导意义也得到了充分体现。

4. 专业层面的觉知与成长

"教师的专业成长，本质上是对教育教学问题解决能力的提升过程。因此，面对教育教学实践中产生的一个接一个的问题，思考解决的方法、策略，是一名教师应然的专业状态。"[1] 通过研究，借助教育教学论文的写作，可以唤醒教师专业成长的自我需求，并且让成长可见、可感。

前文谈到了《加法的认识》一课的实践，如果仅仅止于课堂教学，那么对"模型思想"的思考也可能仅仅停留在一节课的认识上。后来因为有了课例的写作，有了"模型思想"的论文写作，也便有了对一类课的研究与实践，有了对一类课的整体认知与把握。这在专业角度给出了两个层面的正向刺激：一是成果物化了，经验被"看见"了；二是思考问题的方式有了突破，能够站在"类"的角度去思考分析了。如果说，第一个层面属于暂时的影响的话，那么第二个层面则是会内化为自身的专业研究力的，是可能会让一位教师的专业水平提升一个台阶的。事实也正是如此，因为有了这次的经历，"一课、一例、一文"也便成为研究的方式，成为一种可推广的助力教师专业成长的经验。

---

[1] 费岭峰. 怎么做课题研究——给教师的 40 个教育科研建议 [M]. 上海：华东师范大学出版社，2021：序 1.

另外，教师的专业成长当然离不开实践，但同样需要教育教学理论的滋养。实践中，我们许多教师都有体会，干巴巴的理论学习既枯燥，又乏味，需要结合实践去体悟与理解。许多优秀教师的成长经历表明，教学论文写作是一种"穿行在理论与实践的断层处"[①]的有意义的行动。

---

① 张良朋，翟静.小学数学研课写作导论——给小学数学教师的"作文"书[M].合肥：中国科学技术大学出版社，2020：序 1.

思考与练习 5

在完成本节课的"思考与练习"之前,请先写下你的经历。

你的学历:

你的教龄:

你所获得的最高专业荣誉:

你感受最深的一次公开课:

你感受最糟糕的一次公开课:

你感觉收获最大的一次教研活动:

你感觉最糟糕的一次教研活动:

你听后印象最深的一节课:

你听后印象最糟糕的一节课:

你阅读后感觉收获最大的一本书:

关于"教学论文"写作的话题读完了。

现在请你选择以上感受中的一个,写上一段 500 字左右的文字。

基本要求:

(1)需有主题。

(2)至少分为三个部分。

(3)尽可能将主题解构成两个层级,并列出相应的提纲。

参考文献 REFERENCES

[1] 费岭峰. 教育的中心是"人"[J]. 人民教育，2019（7）.

[2] 费岭峰. 明标定向，精准施策，上好期末复习课——基于期末复习阶段小学数学课堂教学微调研的思考[J]. 小学教学，2021（12）.

[3] 费岭峰. 数字技术支持：让区域教学研修更具生长性——数字化教学研修的优势、样式及注意点[J]. 中国教师，2023（12）.

[4] 彭海华. 基于学科拓展的跨学科主题学习的活动设计——以初中科学"物体的运动"为例[J]. 江苏教育（中学教学），2023（3）.

[5] 费岭峰. 问题：有效学习的起点——基于学习理论的一次科学实验活动教学思考[J]. 教学与管理（小学版），2012（6）.

[6] 刘徽. 真实性问题情境的设计研究[J]. 全球教育展望，2021（11）.

[7] 朱红伟. 以深度教学重构小学数学课堂样态[J]. 上海教育科研，2020（6）.

[8] 费岭峰. 结构化提炼：让经验可迁移[J]. 小学数学教师，2023（12）.

[9] 费岭峰. 发展小学生数据意识的内涵及其教学思考[J]. 小学数学教与学，2023（12）.

[10] 费岭峰. 探寻"转化"背后的教学价值——谈化归思想在"平面图形的面积计算"教学中的价值及实现策略[J]. 小学数学教育，2013（1/2）.

[11] 费海明. 课程综合化视域下跨学科主题学习的路径设计[J]. 江苏教育（中学教学），2023（3）.

[12] 费岭峰. 学校教学常规"发生式"管理[J]. 基础教育课程，2022（13）.

[13] 费岭峰. "量感"的意义、内涵解读及其教学要点思考[J]. 小学数学教师，2022（10）.

[14] 郝赫. 数据可视化艺术跨学科课程：价值、模式与本土化策略[J]. 上海教

育科研，2023（2）.

[15] 李晔.化知识为素养：项目化学习的教学实现——以"我与集体共成长"为例[J].中学政治教学参考，2022（3）.

[16] 吴宇玉.为素养而教：活动类型项目化学习的设计与实施[J].上海教育科研，2022（10）.

[17] 赵建康，李银江.跨学科项目化作业如何避免"为跨而跨"[J].人民教育，2023（21）.

[18] 王军.从"逐条关注"到"融通处理"，让语文要素落实见效[J].教学月刊·小学版（语文），2022（1/2）.

[19] 邹雁.基于项目化学习培养学生学科素养——以"石头纸与木浆纸"的教学为例[J].化学教与学，2022（9）.

[20] 王红霞.基于核心知识的单元项目化学习的设计与实践——以四年级上册第八单元为例[J].语文建设，2022（5）.

[21] 安富海.项目化学习的实践困境及改进策略研究[J].上海师范大学学报（哲学社会科学版），2022（4）.

[22] 费岭峰，陈微."双减"背景下作业设计与管理研究的选题建议[J].小学教学研究（教研版），2022（12）.

[23] 任忠华，朱佳劼.重三"点"把关 促概念建构——以《声音是怎样传播的》一课为例[J].教学月刊·小学版（综合），2021（4）.

[24] 费岭峰.回归本源，为学生的数学理解找到支点——"连除的简便计算"教学实践与思考[J].小学数学教师，2007（7/8）.

[25] 费岭峰."编"中"理"，"用"中"构"——"9的乘法口诀"教学设计与思考[J].教学月刊·小学版（数学），2015（7/8）.

[26] 王芳.让采访更有"理" 让交往更有"情"——五年级下册《走进他们的童年岁月》磨课思考[J].教学月刊·小学版（语文），2023（4）.

[27] 费岭峰.磨课，经验基础上的调整与创新[J].小学数学教育，2013（3）.

[28] 斯苗儿.好课多磨：斯苗儿"现场改课"理念与实践[M].北京：人民教育出版社，2021.

[29] 浙江省宁波市江北区教育局.构建"人有优学、学有优教、教有优师、校有优策"的教育发展态势[J].人民教育，2022（2）.

[30] 陈振玉.以思维碰撞促学习真实发生——初中"展评学习"课堂模式探索[J].基础教育课程，2020（12）.

[31] 吴卫东，傅唯佳，袁翊嘉.从项目到结构：作为典范的德国可持续发展教

育[J].全球教育展望,2023（2）.

[32] 李娟娟.整体设计小学英语课堂语境的教学策略[J].教学与管理（小学版）,2020.

[33] 宋非."整本书阅读"学习任务群的长程设计与深度实施[J].教育研究与评论,2023（5）.

[34] 何吟,朱冬萍.片区教研助手：农村学科教师教学能力提升的助力器——以初中历史学科的教研为例[J].教学月刊·中学版（教学管理）,2022（11）.

[35] 朱新强,费岭峰.三维十策：区域推进小学生综合评价改革实践[J].浙江教育科学,2023（5）.

[36] 陈俊.高中英语教学现状分析与改进策略探究——基于安庆市"省级示范高中精准教学"专题视导（英语学科）的反馈[J].中小学教师培训,2020（9）.

[37] 孙丽卿.从表象认知走向本质理解——《圆的认识》教学实践[J].教学月刊·小学版（数学）,2023（14）.

[38] 王建辉,崔允漷,陈伟红.育时代新人绘课程蓝图：学校课程实施方案精选[M].上海：华东师范大学出版社,2023.

[39] 孙国虎,张建芳.区域推进学校教学管理改进的行动与思考——以浙江省嘉兴市为例[J].教学月刊·中学版（教学管理）,2021（7/8）.

[40] 费岭峰.过程质量是成果质量的有效保证——关于教科研课题研究过程的几点思考[J].小学教学研究（教学版）,2014（11）.

[41] 吴宗金.基于小学数学核心素养的命题思路[J].教学与管理（小学版）,2020（11）.

[42] 费岭峰,沈强.评价设计：从结果走向过程——小学数学"能力立意"的测评实践与思考[J].小学教学研究（教学版）,2015（12）.

[43] 费岭峰,魏林明.区域推进学校"品质课程"建设的实践与思考——浙江省嘉兴市南湖区的实践[J].教学月刊·中学版（教学管理）,2021（7/8）.

[44] 丁杰,徐蕾,孙朝仁.生态衔接：小初衔接教育的一种思路[J].人民教育,2022（2）.

[45] 海梅,朱虹.儿童视角下幼儿园角色游戏区环境创设存在的问题与解决策略[J].中国教师,2023（8）.

[46] 朱俊华,吴玉国.小学数学结构化学习评价内涵、模型和实践策略[J].中小学教师培训,2020（9）.

[47] 向婕, 费岭峰. 数学阅读, 不容忽视的一种能力 [J]. 小学教学研究（教学版），2012（5）.

[48] 邵文鸿, 李政淼. 初中课堂微观化教学模型变式的理性架构 [J]. 中国教师, 2023（8）.

[49] 付光槐, 宋霜玲. 洋葱模型理论视域下中小学教师教学敏感的水平特征探究 [J]. 上海教育科研, 2023（2）.

[50] 金明珠. 课程地图的基本内涵、组织形态与绘制路径 [J]. 上海教育科研, 2023（2）.

[51] 费岭峰. 数学活动：承载儿童数学学习的重要过程——谈促使小学生数学学习发生的数学活动设计要点 [J]. 中小学教师培训, 2017（1）.

[52] 费岭峰. 过程取向的小学数学学科测评设计与思考 [J]. 浙江教育科学, 2020（4）.

[53] 费岭峰. 直观想象的水平表征与发展路径 [J]. 教育研究与评论（小学教育教学），2023（5）.

[54] 夏雪梅, 刘潇. 素养视角下中美数学项目驱动性问题设计的比较研究 [J]. 全球教育展望, 2022（7）.

[55] 王耀村. 培育科学素养：初中综合科学课程建设的浙江探索 [J]. 全球教育展望, 2021（12）.

[56] 温暖. 中小学生电子产品过度使用的调查研究 [J]. 上海教育科研, 2023（2）.

[57] 唐彩斌. 大数据时代小学数学精准教学评的整体优化 [J]. 全球教育展望, 2021（6）.

[58] 章振乐, 戴君, 夏建筠, 等. 从小热爱劳动：小学生新劳动教育的实践探索 [J]. 全球教育展望, 2022（7）.

[59] 费岭峰. 论"预学"的实践意义与小学数学课堂教学变革 [J]. 基础教育研究, 2016（1）.

[60] 范晓东, 杨帆. 语文核心素养中"文化传承与理解"评价指标体系建构的实证研究 [J]. 课程·教材·教法, 2023（6）.

[61] 张笑言, 郑长龙. 基于学科理解的化学教学策略研究 [J]. 课程·教材·教法, 2023（12）.

[62] 陆伯鸿. 走向深度的上海教研 [M]. 上海：上海教育出版社, 2022.

[63] 冯卫东. 今天怎样做教科研：写给中小学教师（第二版）[M]. 北京：教育科学出版社, 2012.

［64］费岭峰.对课程综合化与跨学科主题学习活动相结合的思考[J].江苏教育（中学教学），2023（11）.

［65］郭海娟.跨学科主题教学：怎么跨，怎么教[J].教育研究与评论，2023（5）.

［66］费岭峰.怎么做教学管理——给教学管理者的35个建议[M].上海：华东师范大学出版社，2023.

［67］柴军应，杜军.自然分材教学影响初中生学习自主性发展的实证研究[J].全球教育展望，2023（12）.

［68］费岭峰.运算法则需要"立体"建构——由《分数乘分数》教学引发的思考[J].小学教学设计（数学版），2012（8）.

［69］陈霞芳.小学高段数学复习微作业单的优化设计策略[J].教学与管理（小学版），2022（3）.

［70］查周洁，曹骏.丰盈"植树问题"发展模型意识[J].教学月刊·小学版（数学），2024（1/2）.

［71］费岭峰.新版课标视域下"问题解决"的定位与教学设计思考——以人教版《义务教育教科书·数学》的使用为例[J].课程·教材·教法，2015（2）.

［72］滕燕，倪亚贤，董雯.信息技术支持下的初中物理分层教学设计——以"浮力"为例[J].中小学数字化教学，2023（12）.

［73］费岭峰.忽视"证伪"教学的原因及对策——基于小学数学课堂教学实践的思考[J].课程·教材·教法，2013（12）.

［74］费岭峰.教学生"不会"的——一年级学生"加法"认识基础调查及教学实践思考[J].江西教育（B版），2012（8）.

［75］费岭峰.数学模型思想及其教学策略初探[J].小学教学研究（教学版），2013（2）.

后 记
POSTSCRIPT

给自己布置的"作业"

终于定稿！还是有点兴奋的。

《怎么写好教学论文——给教师的12堂论文写作课》是去年的任务，是一份给自己布置的2023年度的"作业"。这次完全是用在忙碌间隙里挤出来的时间完成的。虽然还是迟了些时间交的，但终究还是顺利完成了。

一本一直想要去写的书。因为这是一个对我来说绕不过去的话题：论文写作。

自《怎么做课题研究——给教师的40个教育科研建议》一书出版后，"怎么写教学论文"也便成了"怎么做"系列的又一个命题。只是因为浙江省教研课题"系统思维下的学校教学常规'发生式'管理"研究实践的需要，才有了《怎么做教学管理——给教学管理者的35个建议》一书的先行完稿、出版。这倒也好，让"怎么做"系列真正可以成为"系列"了。

很多时候，"会写"似乎是我的"人设"。在领导、老师，甚至许多朋友的心目中，我确实也属于"会写"的人。有时候聊起这个话题，总说我每天晚上都在那里阅读、写作。其实，这个"推断"只对我这两个多月来的状态算是恰当的。因为要完成这份"作业"，除了腊月二十九到大年初二没有动笔之外，其他的空余时间我基本都在电脑前码字。

但这两个多月除外的时间里，用"每天晚上都在那里阅读、写作"来描述，却不是很恰当。平时工作也忙，身体也时常处于疲惫状态，所以，晚饭后更注重的是跑步放松。刷个手机，消遣一下，也是常态。

其实，对于"会写"的"人设"，我还是有点"耿耿于怀"的，一直有一种想去解释的冲动。不过，很多时候也只是笑笑罢了。现在，也许这部书稿给出了最好的答案。"能写""会写"的根本原因，还在于"愿思""会思"，即愿意想问题，会想问题，有深度地"想"问题，时常会去追究"问题背后的原因（或道理）"。

当然，还有一个原因，那便是"成果意识"。也许，注重研究的人，似乎有"逆向设计"的本能。喜欢从结果来想实践，想设计，甚至会去想做这件事情的意义、价值。唯有认清了做这件事情的意义，有"做成"这件事情的目标后，才会朝着这个"目标"付诸行动，很多时候便会全身心地投入去做。

近段时间所做的工作中，"蹲点教研指导"如此，"小学生综合评价改革实践"亦是如此，带着工作室小伙伴们围绕课堂教学的研讨，更是如此。于是，也就有了"量感""直观想象""数据意识""模型意识""跨学科主题学习"……围绕新版课程方案与课程标准内容学习的系列组稿发表。

我是在2023年初给自己布置了写作《怎么写好教学论文——给教师的12堂论文写作课》一书的任务的。但一来是因为上半年有《怎么做教学管理——给教学管理者的35个建议》需要出版，二来也确实忙得有点不知所措了，也就没有按计划去整理。直到年底，与永通老师联系后，确定了最后交稿时间，才启动了写作。

一旦进入写作状态，也就比较顺利了。整体规划，分章节落实，每天完成既定任务。从资料选择到形成文字，量化指标，一一落实。两个月，刚刚好！

作为"怎么做"系列的一种，在《怎么写好教学论文——给教师的12堂论文写作课》一书的设计中，除了每节课中所提到的方法策略的内容与相关的"示例""阅读材料"之外，还加入了"思考与练习"的内容，旨在给读者留有思考的空间、尝试的机会，即学即用。

也许，这也是"怎么做"系列的特点吧。希望能让读者朋友们有收获！

最后还是想说，写作此书的过程，也是对教师论文写作有进一步认识的过程。这期间，学习了许多名师、专家们的优秀论文，让自己对这一主题有了更多的收获。感谢华东师范大学出版社北京分社永通老师的鼓励与邀约！感谢曾就"论文写作"的话题有过交流的老师朋友们！

当然，关于论文写作，此书表达的只是我个人的经验，肯定还有许多不是很恰当的地方，也请读者朋友们批评指正！

2024年3月6日于杭州